OEUVRES

DE

MOLIÈRE

ILLUSTRATIONS

PAR

MAURICE LELOIR

LE BOURGEOIS GENTILHOMME

PARIS

CHEZ ÉMILE TESTARD, ÉDITEUR

18, RUE DE CONDÉ, 18

—

MDCCCXCV

OEUVRES

DE

J.-B. P. DE MOLIÈRE

LE BOURGEOIS GENTILHOMME

JUSTIFICATION DU TIRAGE

Il a été fait pour les Amateurs un tirage spécial sur papier de luxe à 550 exemplaires, numérotés à la presse.

		NUMÉROS
125 exemplaires sur papier du Japon.		1 à 125
75 — sur papier de Chine.		126 à 200
150 — sur papier Vélin à la cuve.		201 à 350
200 — sur papier Vergé de Hollande.		351 à 550

OEUVRES

DE

MOLIERE

ILLUSTRATIONS

PAR

MAURICE LELOIR

NOTICES

PAR

A. DE MONTAIGLON

LE BOURGEOIS GENTILHOMME

1890

PARIS

CHEZ ÉMILE TESTARD, ÉDITEUR

18, RUE DE CONDÉ, 18

MDCCCXCV

NOTICE

DU

BOURGEOIS GENTILHOMME

’EST de nos jours, où l’on réglemente trop de choses, qu’on interdit aux Directeurs de Théâtre d’écrire eux-mêmes des Pièces et de les jouer. Si cette jurisprudence étroite avait existé au XVIIe siècle, Molière n’aurait pas eu le droit d’écrire un mot, ni de faire jouer une grande Comédie, ni même le moindre petit Acte. Heureusement que sa Troupe vivait de lui et que le Roi lui commandait, sans cesse, de nouvelles Pièces pour servir à ses plaisirs et à ceux de sa Cour. La Postérité ne s’en plaint pas. Voit-on la littérature française sans Molière? Il doit, et nous devons beaucoup aux ordres du Roi. Que de choses il n’eût pas écrites, s’il n’avait pas eu à leur obéir?

Dans sa jeunesse, il eût fait, il a peut-être fait du *Bourgeois Gentilhomme* une ou deux Farces, celle du Maître de Danse et celle du Maître de Grammaire; ce n’eût pas été une Comédie. Dans sa pleine force, quand sa fantaisie exubérante était guidée par la sûreté de son expérience, il en a fait un chef-d’œuvre de gaîté, ce qui est le meilleur d’une Comédie.

La Comédie larmoyante, surtout la Comédie amère, la Comédie philosophique, qui tourne au prêche et au sermon, sont presque des monstres. Les exceptions — il y en a — confirment, comme on dit, la règle.

Le *Bourgeois Gentilhomme* est un chef-d'œuvre de gaîté. La Cour était à Chambord ; pour l'amuser et s'amuser lui-même, le Roi y fait venir sa Troupe, plus heureuse que l'Hôtel de Bourgogne, forcé de s'adresser aux auteurs de profession, qui a eu l'honneur de jouer Corneille et Racine, mais qui a joué encore plus un tas de choses fort sottes, ne comptant que dans l'érudition littéraire et dans les Biographies comme dans les Bibliographies, dont c'est l'affaire de relever tous les morts et de les enterrer dans leur grand cimetière. Le *Bourgeois Gentilhomme* est bien toujours vivant, et pourtant les Pièces de son temps n'allaient pas, comme aujourd'hui, à la millième, et l'on n'en faisait pas moins de très bonnes, sinon même de meilleures. Mais combien survivront de ces succès apparents qui semblent s'éterniser, mais dont la fatigue finit par s'user d'elle-même et qui s'éclipsent à la fin, sans jamais renaître ? Monsieur Jourdain n'est pas mort ; il a pour cela la vie trop dure. Louis XIV, qui l'aimait fort, se le faisait rejouer dans ses toutes dernières années, ce que Dangeau a noté, et la *Gazette de la Régence* disait un peu plus tard, à la date du 1er janvier 1717 : « Les Bals ne réussissent pas jusqu'à présent, et il ne s'y trouve pas de « monde. Il n'en est pas de même de la Comédie du *Bourgeois Gentil-* « *homme*, jouée mercredi dernier, où plus de six cents personnes ne purent « entrer. » Il n'a pas cessé de faire rire, toutes les fois qu'on l'a repris. On l'a repris souvent, et l'on continuera de le reprendre.

Molière, qui a plus imité Plaute et Térence qu'Aristophane, ne paraît pas avoir su le Grec comme il savait le Latin ; mais Cyrano semble trop bien connaître Lucien pour que Molière l'ignorât, et, en tout cas, il a dû connaître la traduction de Lucien par Nicolas Perrot, Sieur d'Ablancourt — c'est une localité de la Marne près de Vitry-le-François — qui la fit paraître en 1654. Louis XIV aurait pu s'en faire une arme, car, dans son Dialogue de la Danse, Lucien fait l'éloge de Ballets « dansés par les Citoyens distingués et par les Magistrats ».

On a bien, pour la scène du Maître de Grammaire, cité, dans les *Nuées* d'Aristophane, ses questions au bonhomme Strepsiade :

— Quelle science veux-tu d'abord apprendre de toutes celles qu'on t'a jamais enseignées ? Les mesures, les rhytmes et les vers ?... Quelle est, selon toi, la plus belle mesure, le Trimètre, ou le Tétramètre ?.. Peut-être apprendras-tu ce qu'on entend par Rhytme, les Rhytmes, pour savoir ce qu'on entend par Rhytme Enoplien ou par Rhytme du Dactyle.

De sorte qu'il n'y a pas que Monsieur Jourdain qui fasse rire et qui soit comique. Les Maîtres ne le sont pas moins que lui, malgré et surtout par leur gravité doctorale. N'y a-t-il pas quelque rapport avec le soixante-quatrième Dialogue de Lucien, *les Sectes à l'encan*, entre Pythagore et le Marchand, ce qu'a été le *Bourgeois Gentilhomme* qui n'avait vendu du drap qu'à ses amis :

— Que m'enseigneras-tu ?
— Je ne t'enseignerai rien ; je te ferai ressouvenir.
— Comment me feras-tu ressouvenir ?
— En purifiant d'abord ton âme.
— Imagines qu'elle est purifiée. Comment me donneras-tu la réminiscence ?
— En commençant par t'imposer un mutisme parfait, le mutisme absolu de cinq années.
— Je veux être un homme qui parle. Mais, après un silence de cinq ans, que ferai-je ?
— Tu t'exerceras à la Musique et à la Géométrie. Il faut commencer par être Musicien pour être sage. Ensuite, tu apprendras à compter.
— Je sais compter.
— Comment comptes-tu ?
— Un, deux, trois, quatre...
— Ce que tu crois être quatre, c'est dix. C'est le Triangle parfait ; c'est notre Serment.
— J'en jure *Par Quatre*. Je n'ai jamais ouï langage plus divin et plus sacré.
— Ensuite, tu sauras ce que c'est que la Terre, l'Air, l'Eau et le Feu; quelle est leur forme, leur mouvement naturel et comment ils se meuvent.
— Le Feu, l'Air, la Terre et l'Eau ont donc une forme ?
— Très visible. Autrement, sans forme et sans apparence, ils ne pourraient pas se mouvoir. De plus, tu sauras que la Divinité est un Nombre et une Harmonie.
— Voilà qui est étonnant.

Monsieur Jourdain ne s'étonne pas moins sur la façon de prononcer les lettres de l'Alphabet, ce qui vient d'ailleurs d'un livre contemporain, le Discours physique de la parole, dédié au Roi en 1668 par l'un de ses *Lecteurs*, le philosophe cartésien, Géraud de Cordemoy.
Si Molière s'est là servi d'un autre, il s'est souvenu de lui-même en

reprenant à nouveau, entre Lucile et Cléonte, son thème favori du dépit amoureux.

Le Titre de la Pièce porte : *Faite à Chambord pour le divertissement du Roi ;* cela veut dire *représentée.* La Troupe, qu'on a fait venir et qui est arrivée le 3 octobre 1670, en est revenue le 28. Selon l'exact Robinet, la Pièce y fut jouée, pour la première fois, le mardi 14 octobre.

Si facile qu'ait été le génie de Molière et si rapide que fût pour lui *l'écriture* quand son plan était combiné et tracé, il est difficile d'admettre qu'il ait mis sur pied le *Bourgeois* en dix jours du 3 au 14. Il y avait, de plus, la musique à écrire et à apprendre, les costumes des Acteurs et des Danseurs à faire couper et à faire coudre, les danses à faire répéter. Molière a pu y mettre la dernière main à Chambord, mais il avait dû l'apporter avec lui dans sa valise.

Après la représentation du 14 octobre, elle y fut, ainsi que nous l'apprend la Gazette, jouée trois autres fois, le 16, le 20 et le 21. Après avoir parlé des représentations, à Versailles, par les Acteurs de l'Hôtel, Robinet ajoute, dans sa Lettre du 15 novembre :

> *Et que ceux du Palais Royal,*
> *Chez qui Molière est sans égal,*
> *Ont fait, à Saint-Germain, de mesmes,*
> *Au gré des Porte-Diadèmes*
> *Dans la régale de Chambor,*
> *Qui plut alors beaucoup encor*
> *Et qu'ici nous aurons en somme,*
> *Savoir* le Bourgeois Gentilhomme.

Ajoutons, d'après les Notes de Trallage, que, si les vers italiens sont de Molière et de Lulli, les vers espagnols sont de Molière.

La Pièce, venue ensuite à Paris le 25 novembre, fut jouée sept fois jusqu'au 23 décembre. En 1671, elle fut jouée vingt-sept fois, entre-coupées de *Psyché,* et huit fois en 1672. Elle était montée à la Ville presque aussi richement qu'à la Cour, nous dit encore Robinet, et ce faste avait coûté cher au Roi. Un Compte de dépenses des « Menus », en 1670, pour le *Bourgeois Gentilhomme* et pour les Comédiens de l'Hôtel de Bourgogne, monte à la somme, plus que respectable, de quarante-neuf mille quatre cent quatre livres, dans laquelle la Pièce de Molière a

dû certainement avoir la plus grosse part. En 1716, l'Acteur Quinault
eut la hardiesse et le tort de changer les Divertissements ; il doit avoir
eu pour excuse la nécessité d'une moindre dépense.

Molière n'est pas le premier qui ait mis sur le Théâtre des mots à la
Turque. Rotrou lui en avait donné l'exemple dans son élégante Comédie
de la *Sœur*, à qui Molière en a même emprunté quelques-uns, et ce
n'est pas d'eux seulement que Molière s'est ressouvenu.

Quand Covielle dit que « la Langue Turque dit beaucoup en peu de
paroles », le vieil Anselme avait dit à Ergaste :

> T'en a-t-il pu tant dire en si peu de propos ?

et celui-ci avait répondu :

> Oui ; le langage Turc dit beaucoup en deux mots.

C'est le nombre même des syllabes du *Bel men* du jeune Cléonte de
Molière, et, quand Madame Jourdain dit à son Mari : « Est-ce un Momon
« que vous allez porter ? », elle répète presque ces autres paroles de
l'Anselme de Rotrou :

> A quoi ces habits Turcs ? Donnez-vous un Ballet ?
> Portez-vous un Momon ?

Quant à la Cérémonie Turque, c'est une erreur de la faire venir d'un
passage du *Francion* de Sorel, qui n'a rien à y voir. Quoique les
Mémoires du Chevalier d'Arvieux, mort en 1702, n'aient été imprimés
par le P. Labat qu'en 1735, Molière le connut personnellement, et
c'est à lui qu'il en doit être redevable. Son audience de départ eut lieu
le 31 mai 1670, mais, à celle de l'audience antérieure de novembre 1669,
le Roi, l'interrogeant sur les manières des Turcs, riait « mais modéré-
« ment », aussi bien que Mme de La Vallière ; mais le Frère du Roi et
Mme de Montespan « faisoient des éclats de rire qu'on auroit entendus
« de deux cents pas ». Molière ne se serait-il pas trouvé présent à cette
audience ?

D'ailleurs le Chevalier d'Arvieux, qui ne manquait pas d'amour-propre,
a écrit dans ses *Mémoires* : « Sa Majesté m'ordonna de me joindre à
« MM. de Molière et Lulli pour composer une Pièce de Théâtre où l'on
« pût faire entrer quelque chose des habillements et des manières des

« Turcs. Je me rendis, pour cet effet, au village d'Auteuil, où M. de
« Molière avoit une maison fort jolie. Ce fut là que nous travaillâmes à
« cette Pièce de Théâtre que l'on voit, dans les œuvres de Molière, sous
« le titre du *Bourgeois Gentilhomme*. » A écouter le Chevalier d'Arvieux,
ne croirait-on pas que c'est lui qui a écrit la Pièce ?

Il a paru en 1715 à Paris, chez Jacques Collombat, un recueil, dont les
tableaux avaient été peints en 1707 et 1708 par les ordres de M. de
Ferriol, notre Ambassadeur à Constantinople, de cent Estampes repré-
sentant différentes Nations du Levant — elles avaient été publiées une
première fois l'année précédente — « avec de nouvelles Estampes de
« Cérémonies Turques, qui ont aussi leur explication ». C'est un volume
que ceux qui se trouveront avoir à remonter le *Bourgeois Gentilhomme*
feront bien d'indiquer comme source aux Dessinateurs et Costumiers.

Et comme il devait être joué à l'origine devant la Cour et devant les
Bourgeois de la Ville! Hubert, chargé des rôles féminins marqués,
faisait Mme Jourdain, dont il devait faire ressortir vertement les honnêtes
coups de boutoir. Le rôle de Dorante, qui n'est plus un écervelé de
jeune Marquis, ni un jeune Amoureux tendrement élégant, mais un
vilain Homme de Cour, très volontairement indélicat vis à vis de
M. Jourdain et menteur vis à vis de Dorimène, avait été créé par
La Grange pour le sauver par son bon air et ses belles manières, laissant
l'aimable rôle de Cléonte à son camarade Dauvilliers, dont le nom s'est plus
qu'effacé. Au xviiie siècle, Mlle Bellecour, de nos jours Augustine Brohan
et Mme Samary y sont restées célèbres, mais il ne faut pas oublier que
Mlle Beauval, qui a créé Nicole, a, la première, eu la charge du bon rire
franc de la Servante. Pour lui donner à faire partir et à continuer de
telles fusées de rires, il fallait qu'elle fût naturellement rieuse. Molière
en a profité et a certainement écrit le rôle pour elle, comme plus tard
Mozart, dans *la Flûte enchantée*, a donné à la Reine de la Nuit les notes
élevées et suraiguës de la voix de sa belle-sœur, qui depuis ne se sont
que rarement retrouvées.

Quant à Molière, qui se chargeait toujours du rôle le plus lourd, il
faisait le Bourgeois. Il l'avait habillé d'une robe de chambre d'indienne
rayée, doublée de taffetas aurore et vert, d'un haut-de-chausses de panne
rouge, d'une camisole de panne bleue, d'un bonnet de nuit avec sa coiffe
et d'une écharpe de toile peinte à l'Indienne. Avec cela M. Jourdain était

assez richement panaché pour faire la roue à la façon des paons. Car il veut s'habiller comme les gens de Qualité ; il veut, pour s'égaler à eux, apprendre la Musique, la Danse, l'Escrime, la Philosophie, et, dans la Musique, la Trompette marine, c'est-à-dire une espèce de longue et étroite contrebasse à une seule grosse corde, dont le son, quand on la racle, est plutôt le mugissement bas et très long d'une seule note, auprès de laquelle le Serpent des églises de village serait une symphonie.

Une dernière remarque. Le troisième Acte est, à lui seul, plus long que les deux premiers. C'est que, comme dans le Théâtre des Grecs et dans le Théâtre des Latins, il n'y a pas de coupures. A la place des Chœurs, ce sont les Danseurs du Maître de Danse, les Garçons du Maître Tailleur, les Cuisiniers du repas, la Cérémonie Turque, les Intermèdes de Ballet sortis du sujet. La Pièce va d'un bout à l'autre sans arrêt; le rideau ne doit pas tomber. Si je n'ai pas osé supprimer les divisions, parce que l'édition originale est coupée, cela n'en eût pas moins été parfaitement juste.

ANATOLE DE MONTAIGLON.

LE
BOURGEOIS
GENTILHOMME

COMEDIE

Maurice Leloir inv.   Emile Testard Editeur   Géry-Bichard sc.

LE BOURGEOIS GENTILHOMME

Imp. A. Salmon & Ardail, Paris.

LE
BOURGEOIS
GENTILHOMME

COMEDIE-BALET.

FAITE A CHAMBORT,

Pour le Divertiſſement du Roy,

PAR

J.B.P. MOLIERE.

Et ſe vend pour l'Autheur

A PARIS

CHEZ PIERRE LEMONNIER, AU PALAIS,
VIS A VIS LA PORTE DE L'EGLISE DE LA SAINTE CHAPELLE,
A L'IMAGE S. LOUIS, & AU FEU DIVIN.

M.DC.LXXI.
AVEC PRIVILEGE DU ROY.

Extrait du Privilège du Roy.

Par Grâce et Privilège du Roy, donné à Paris le 31. jour de Décembre l'an de grâce 1670, signé : « *Par le Roy en son Conseil* GUITONNEAU », il est permis à Jean-Baptiste Poquelin de Molière, l'un de nos Comédiens, vendre et débiter une Pièce de Théâtre, intitulée LE BOURGEOIS GENTILHOMME, par tel Imprimeur ou Libraire qu'il voudra choisir, pendant le temps et espace de dix années entières et accomplies, à compter du jour que ladite Pièce sera achevée d'imprimer pour la première fois ; et Défenses sont faites à toutes Personnes, de quelque Qualité et Condition qu'elles soient, d'imprimer, faire imprimer, vendre ny débiter ladite Pièce, sans le consentement de l'Exposant, ou de ceux qui auront droict de luy, à peine de six mille livres d'amende, confiscation des Exemplaires contrefaits, et de tous dépens, dommages et intérests, ainsi que plus au long il est porté audit Privilège.

Registré sur le Livre de la Communauté des Imprimeurs et Marchands Libraires de Paris, suivant l'Arrest de la Cour du Parlement du 8 Avril 1653, aux charges, clauses et conditions portées ès presentes Lettres. Fait ce 13 Mars mil six cens soixante et onze.

Signé : L. SEVESTRE, Syndic.

Achevé d'imprimer, pour la première fois, le 18. Mars 1671.

XXVI.   1

ACTEURS

MONSIEUR JOURDAIN, Bourgeois.
MADAME JOURDAIN, sa Femme.
LUCILE, Fille de Monsieur Jourdain.
NICOLE, Servante.
CLÉONTE, Amoureux de Lucile.
COVIELLE, Valet de Cléonte.
DORANTE, Comte, Amant de Dorimène.
DORIMÈNE, Marquise.
MAISTRE DE MUSIQUE.
ÉLÈVE DU MAISTRE DE MUSIQUE.
MAISTRE A DANCER.
MAISTRE D'ARMES.
MAISTRE DE PHILOSOPHIE.
MAISTRE TAILLEUR.
GARÇON TAILLEUR.
DEUX LAQUAIS.
Plusieurs MUSICIENS, MUSICIENNES, JOUEURS D'INSTRUMENS, DANCEURS, CUISINIERS, GARÇONS TAILLEURS, et autres Personnages des Intermèdes et du Ballet.

La Scène est à Paris.

MONSIEUR JOURDAIN
Je me suis fait faire cette indienne-ci.

ACTE PREMIER

L'Ouverture se fait par un grand assemblage d'instruments; et dans le milieu du Théâtre, on voit un Élève du Maistre de Musique qui compose sur une table un Air que le Bourgeois a demandé pour une Sérénade.

SCÈNE PREMIÈRE

MAISTRE DE MUSIQUE, MAISTRE A DANCER, Trois MUSICIENS, Deux VIOLONS, Quatre DANCEURS

MAISTRE DE MUSIQUE, *parlant à ses Musiciens :*

MAISTRE A DANCER
Le voilà qui vient.

ENEZ, entrez dans cette Salle, et vous reposez là, en attendant qu'il vienne.

MAISTRE A DANCER, *aux Danceurs :*

Et vous aussi, de ce costé.

MAISTRE DE MUSIQUE, *à l'Élève :*

Est-ce fait ?

L'ÉLÈVE

Oüy.

MAISTRE DE MUSIQUE

Voyons ?... Voilà qui est bien.

MAISTRE A DANCER

Est-ce quelque chose de nouveau ?

MAISTRE DE MUSIQUE

Oüy, c'est un Air pour une Sérénade, que je luy ay fait composer icy, en attendant que nostre Homme fust éveillé.

MAISTRE A DANCER

Peut-on voir ce que c'est ?

MAISTRE DE MUSIQUE

Vous l'allez entendre, avec le Dialogue, quand il viendra. Il ne tardera guère.

MAISTRE A DANCER

Nos occupations, à vous et à moy, ne sont pas petites maintenant.

MAISTRE DE MUSIQUE

Il est vray. Nous avons trouvé icy un Homme comme il nous le faut à tous deux. Ce nous est une douce rente que ce Monsieur Jourdain, avec les visions

de Noblesse et de Galanterie qu'il est allé se mettre
en teste, et vostre Dance et ma Musique auroient à
souhaiter que tout le Monde luy ressemblast.

MAISTRE A DANCER

Non pas entièrement; et je voudrois, pour luy,
qu'il se connust mieux qu'il ne fait aux choses que
nous luy donnons.

MAISTRE DE MUSIQUE

Il est vray qu'il les connoît mal, mais il les paye
bien ; et c'est de quoy maintenant nos Arts ont plus
besoin que de toute autre chose.

MAISTRE A DANCER

Pour moy, je vous l'avouë, je me repais un peu de
gloire. Les aplaudissements me touchent, et je tiens
que, dans tous les beaux Arts, c'est un suplice assez
fâcheux que se produire à des Sots, que d'essuyer, sur
des Compositions, la barbarie d'un Stupide. Il y a
plaisir, ne m'en parlez point, à travailler pour des Personnes qui soient capables de sentir les délicatesses
d'un Art, qui sçachent faire un doux accueil aux
beautez d'un Ouvrage, et, par de chatoüillantes apro-
bations, vous régaler de vostre travail. Oüy, la récompense la plus agréable qu'on puisse recevoir des choses
que l'on fait, c'est de les voir connuës, de les voir

caressées d'un aplaudissement qui vous honore. Il n'y a rien, à mon avis, qui nous paye mieux que cela de toutes nos fatigues ; et ce sont des douceurs exquises que des loüanges éclairées.

MAISTRE DE MUSIQUE

J'en demeure d'accord, et je les goûte comme vous. Il n'y a rien assurément qui chatoüille davantage que les aplaudissemens que vous dites ; mais cet encens ne fait pas vivre. Des loüanges toutes pures ne mettent point un Homme à son aise. Il y faut mesler du solide, et la meilleure façon de loüer, c'est de loüer avec les mains. C'est un Homme, à la vérité, dont les lumières sont petites, qui parle à tort et à travers de toutes choses, et n'aplaudit qu'à contre-sens ; mais son argent redresse les jugements de son Esprit. Il a du discernement dans sa bourse. Ses loüanges sont monnoyées, et ce Bourgeois ignorant nous vaut mieux, comme vous voyez, que le grand Seigneur éclairé qui nous a introduits icy.

MAISTRE A DANCER

Il y a quelque chose de vray dans ce que vous dites, mais je trouve que vous apuyez un peu trop sur l'argent, et l'intérest est quelque chose de si bas qu'il ne faut jamais qu'un honneste homme montre pour luy de l'attachement.

MAISTRE DE MUSIQUE

Vous recevez fort bien pourtant l'argent que nostre Homme vous donne.

MAISTRE A DANCER

Assurément; mais je n'en fais pas tout mon bonheur, et je voudrois qu'avec son bien il eust encore quelque bon goust des choses.

MAISTRE DE MUSIQUE

Je le voudrois aussi, et c'est à quoy nous travaillons tous deux autant que nous pouvons. Mais, en tout cas, il nous donne moyen de nous faire connoistre dans le Monde, et il payera pour les autres ce que les autres loüeront pour luy.

MAISTRE A DANCER

Le voilà qui vient.

SCÈNE II

Monsieur JOURDAIN, Deux LAQUAIS
MAISTRE DE MUSIQUE, MAISTRE A DANCER
VIOLONS, MUSICIENS et DANCEURS

Monsieur JOURDAIN

Hé bien, Messieurs ? Qu'est-ce ? Me ferez-vous voir vostre petite drôlerie ?

MAISTRE A DANCER

Comment ? Quelle petite drôlerie ?

Monsieur JOURDAIN

Eh ! La... Comment appelez-vous cela ? Vostre Prologue ou Dialogue de Chansons et de Dance.

MAISTRE A DANCER

Ah, ah !

MAISTRE DE MUSIQUE

Vous nous y voyez préparez.

Monsieur JOURDAIN

Je vous ay fait un peu attendre, mais c'est que je me fais habiller aujourd'huy comme les Gens de Qualité, et mon Tailleur m'a envoyé des bas de soye, que j'ay pensé ne mettre jamais.

MAISTRE DE MUSIQUE

Nous ne sommes icy que pour attendre vostre loisir.

Monsieur JOURDAIN

Je vous prie tous deux de ne vous point en aller qu'on ne m'ait apporté mon Habit, afin que vous me puissiez voir.

MAISTRE A DANCER

Tout ce qu'il vous plaira.

MONSIEUR JOURDAIN

Vous me verrez équipé comme il faut, depuis les pieds jusqu'à la teste.

MAISTRE DE MUSIQUE

Nous n'en doutons point.

MONSIEUR JOURDAIN

Je me suis fait faire cette Indienne-cy.

MAISTRE A DANCER

Elle est fort belle.

MONSIEUR JOURDAIN

Mon Tailleur m'a dit que les Gens de Qualité estoient comme cela, le matin.

MAISTRE DE MUSIQUE

Cela vous sied à merveille.

MONSIEUR JOURDAIN

Laquais; holà, mes deux Laquais!

PREMIER LAQUAIS

Que voulez-vous, Monsieur?

MONSIEUR JOURDAIN

Rien. — C'est pour voir si vous m'entendez bien.
Aux deux Maistres :
Que dites-vous de mes Livrées?

XXVI.   2

MAISTRE A DANCER

Elles sont magnifiques.

MONSIEUR JOURDAIN

*Il entr'ouvre sa Robe, et fait voir un Haut-de-chausses étroit de velours rouge,
et une Camisolle de velours vert.*

Voicy encore un petit Dés-habillé pour faire, le matin, mes Exercices.

MAISTRE DE MUSIQUE

Il est galant.

MONSIEUR JOURDAIN

Laquais !

PREMIER LAQUAIS

Monsieur.

MONSIEUR JOURDAIN

L'autre Laquais !

SECOND LAQUAIS

Monsieur.

MONSIEUR JOURDAIN

Tenez ma robe. — Me trouvez-vous bien comme cela ?

MAISTRE A DANCER

Fort bien. On ne peut pas mieux.

MONSIEUR JOURDAIN

Voyons un peu vostre affaire.

MAISTRE DE MUSIQUE

Je voudrois bien auparavant vous faire entendre un Air, qu'il vient de composer pour la Sérénade que vous m'avez demandée. C'est un de mes Ecoliers, qui a pour ces sortes de choses un talent admirable.

Monsieur JOURDAIN

Oüy, mais il ne falloit pas faire faire cela par un Ecolier, et vous n'estiez pas trop bon vous-mesme pour cette besongne-là.

MAISTRE DE MUSIQUE

Il ne faut pas, Monsieur, que le nom d'Ecolier vous abuse. Ces sortes d'Ecoliers en sçavent autant que les plus grands Maistres, et l'Air est aussi beau qu'il s'en puisse faire. Ecoutez seulement.

Monsieur JOURDAIN, *à ses Laquais.*

Donnez-moy ma Robe, pour mieux entendre... Attendez, je croy que je seray mieux sans Robe... Non, redonnez-la-moy; cela ira mieux.

MUSICIEN, *chantant :*

Je languis nuit et jour, et mon mal est extrême
Depuis qu'à vos rigueurs vos beaux yeux m'ont soûmis ;
Si vous traitez ainsi, belle Iris, qui vous aime,
Hélas ! que pourriez-vous faire à vos ennemis ?

Monsieur JOURDAIN

Cette Chanson me semble un peu lugubre; elle endort, et je voudrois que vous la pûssiez un peu ragaillardir par-cy, par-là.

MAISTRE DE MUSIQUE

Il faut, Monsieur, que l'Air soit accommodé aux paroles.

Monsieur JOURDAIN

On m'en aprit un tout à fait joly, il y a quelque temps. Attendez... *La*,... Comment est-ce qu'il dit?

MAISTRE A DANCER

Par ma foy, je ne sçay.

Monsieur JOURDAIN

Il y a du Mouton dedans.

MAISTRE A DANCER

Du Mouton?

Monsieur JOURDAIN

Oüy. Ah!

Monsieur Jourdain chante :

Je croyois Janneton
Aussi douce que belle ;
Je croyois Janneton
Plus douce qu'un Mouton.

Hélas ! hélas !
Elle est cent fois, mille fois,
Plus cruelle
Que n'est le Tygre aux bois.

N'est-il pas joly ?

MAISTRE DE MUSIQUE

Le plus joly du monde.

MAISTRE A DANCER

Et vous le chantez bien.

Monsieur JOURDAIN

C'est sans avoir apris la Musique.

MAISTRE DE MUSIQUE

Vous devriez l'aprendre, Monsieur, comme vous faites la Dance. Ce sont deux Arts qui ont une étroite liaison ensemble.

MAISTRE A DANCER

Et qui ouvrent l'esprit d'un Homme aux belles choses.

Monsieur JOURDAIN

Est-ce que les Gens de Qualité aprennent aussi la Musique ?

MAISTRE DE MUSIQUE

Oüy, Monsieur.

Monsieur JOURDAIN

Je l'aprendray donc. Mais je ne sçay quel temps
je pourray prendre ; car, outre le Maistre d'Armes qui
me montre, j'ay arresté encore un Maistre de Philosophie, qui doit commencer ce matin.

MAISTRE DE MUSIQUE

La Philosophie est quelque chose ; mais la Musique,
Monsieur, la Musique...

MAISTRE A DANCER

La Musique et la Dance... La Musique et la Dance,
c'est là tout ce qu'il faut.

MAISTRE DE MUSIQUE

Il n'y a rien qui soit si utile dans un État que la
Musique.

MAISTRE A DANCER

Il n'y a rien qui soit si nécessaire aux Hommes que
la Dance.

MAISTRE DE MUSIQUE

Sans la Musique, un État ne peut subsister.

MAISTRE A DANCER

Sans la Dance, un Homme ne sçauroit rien faire.

MAISTRE DE MUSIQUE

Tous les désordres, toutes les guerres qu'on voit

dans le Monde, n'arrivent que pour n'aprendre pas la Musique.

MAISTRE A DANCER

Tous les malheurs des Hommes, tous· les revers funestes dont les Histcires sont remplies, les béveuës des Politiques, et les manquemens des grands Capitaines, tout cela n'est venu que faute de sçavoir dancer.

Monsieur JOURDAIN

Comment cela ?

MAISTRE DE MUSIQUE

La Guerre ne vient-elle pas d'un manque d'union entre les Hommes ?

Monsieur JOURDAIN

Cela est vray.

MAISTRE DE MUSIQUE

Et, si tous les Hommes aprenoient la Musique, ne seroit-ce pas le moyen de s'accorder ensemble, et de voir dans le Monde la Paix universelle ?

Monsieur JOURDAIN

Vous avez raison.

MAISTRE A DANCER

Lorsqu'un Homme a commis un manquement dans sa conduite, soit aux Affaires de sa Famille, ou au

Gouvernement d'un État, ou au Commandement d'une Armée, ne dit-on pas toujours : « Un Tel a fait un mauvais pas dans une telle Affaire ? »

MONSIEUR JOURDAIN

Oüy ; on dit cela.

MAISTRE A DANCER

Et faire un mauvais pas peut-il procéder d'autre chose que de ne sçavoir pas dancer ?

MONSIEUR JOURDAIN

Cela est vray ; vous avez raison tous deux.

MAISTRE A DANCER

C'est pour vous faire voir l'excellence et l'utilité de la Dance et de la Musique.

MONSIEUR JOURDAIN

Je comprens cela à cette heure.

MAISTRE DE MUSIQUE

Voulez-vous voir nos deux Affaires ?

MONSIEUR JOURDAIN

Oüy.

MAISTRE DE MUSIQUE

Je vous l'ay déjà dit ; c'est un petit essay, que j'ay

fait autrefois des diverses passions que peut exprimer la Musique.

MONSIEUR JOURDAIN

Fort bien.

MAISTRE DE MUSIQUE

Allons, avancez. — Il faut vous figurer qu'ils sont habillez en Bergers.

MONSIEUR JOURDAIN

Pourquoy toujours des Bergers ? On ne voit que cela partout.

MAISTRE A DANCER

Lorsqu'on a des Personnes à faire parler en Musique, il faut bien que, pour la vraysemblance, on donne dans la Bergerie. Le Chant a été de tout temps affecté aux Bergers, et il n'est guère naturel, en Dialogue, que des Princes, ou des Bourgeois, chantent leurs passions.

MONSIEUR JOURDAIN

Passe, passe. Voyons.

DIALOGUE EN MUSIQUE

UNE MUSICIENNE ET DEUX MUSICIENS

Un cœur, dans l'amoureux Empire,
De mille soins est toûjours agité.

XXVI.   3

On dit qu'avec plaisir on languit, on soûpire;
Mais, quoy qu'on puisse dire,
Il n'est rien de si doux que nostre liberté.

PREMIER MUSICIEN

Il n'est rien de si doux que les tendres ardeurs
Qui font vivre deux cœurs
Dans une mesme envie;
On ne peut estre heureux sans amoureux desirs;
Ostez l'Amour de la vie,
Vous en ostez les Plaisirs.

SECOND MUSICIEN

Il seroit doux d'entrer sous l'amoureuse Loy,
Si l'on trouvoit en Amour de la foy;
Mais, hélas! ô rigueur cruelle!
On ne voit point de Bergère fidelle;
Et ce Sexe inconstant, trop indigne du jour,
Doit faire pour jamais renoncer à l'Amour.

PREMIER MUSICIEN

Aimable ardeur!

MUSICIENNE

Franchise heureuse!

SECOND MUSICIEN

Sexe trompeur!

PREMIER MUSICIEN

Que tu m'es précieuse !

MUSICIENNE

Que tu plais à mon cœur !

SECOND MUSICIEN

Que tu me fais d'horreur !

PREMIER MUSICIEN

Ah ! quitte, pour aimer, cette haine mortelle !

MUSICIENNE

On peut, on peut te montrer
Une Bergère fidelle ;

SECOND MUSICIEN

Hélas ! où la rencontrer ?

MUSICIENNE

Pour défendre nostre gloire,
Je te veux offrir mon cœur ;

PREMIER MUSICIEN

Mais, Bergère, puis-je croire
Qu'il ne sera point trompeur ?

MUSICIENNE

Voyons, par expérience,
Qui des deux aimera mieux ;

Second MUSICIEN

Qui manquera de constance,
Le puissent perdre les Dieux !

Tous trois

A des ardeurs si belles
Laissons-nous enflâmer ;
Ah ! qu'il est doux d'aimer
Quand deux cœurs sont fidelles !

Monsieur JOURDAIN

Est-ce tout ?

MAISTRE DE MUSIQUE

Oüy.

Monsieur JOURDAIN

Je trouve cela bien troussé, et il y a là dedans de petits dictons assez jolis.

MAISTRE A DANCER

Voicy, pour mon affaire, un petit essay des plus beaux mouvemens et des plus belles attitudes dont une Dance puisse estre variée.

MONSIEUR JOURDAIN

Sont-ce encore des Bergers ?

MAISTRE A DANCER

C'est ce qu'il vous plaira. — Allons !

Quatre Danceurs exécutent tous les mouvemens diférens et toutes les sortes de pas que le Maistre à dancer leur commande, et cette Dance fait le Premier Intermède.

MONSIEUR JOURDAIN
Prev. passe. Voyons.

MAISTRE A DANCER
La, la, la. Vos deux bras sont
estropiez. La, la.

ACTE II

SCÈNE PREMIÈRE

MONSIEUR JOURDAIN, MAISTRE DE MUSIQUE
MAISTRE A DANCER

Monsieur JOURDAIN

MAISTRE D'ARMES
La raison gauche à hauteur
de l'œil.

VOILA qui n'est point sot, et
ces Gens-là se trémoussent
bien.

MAISTRE DE MUSIQUE

Lors que la Dance sera
meslée avec la Musique,
cela fera plus d'effet encore,
et vous verrez quelque chose
de galant dans ce petit Ballet que nous avons ajusté
pour vous.

MONSIEUR JOURDAIN

C'est pour tantost, au moins, et la Personne, pour qui j'ay fait faire tout cela, me doit faire l'honneur de venir disner céans.

MAISTRE A DANCER

Tout est prest.

MAISTRE DE MUSIQUE

Au reste, Monsieur, ce n'est pas assez ; il faut qu'une personne comme vous, qui estes magnifique, et qui avez de l'inclination pour les belles choses, ait un Concert de Musique chez soy tous les Mercredis ou tous les Jeudis.

MONSIEUR JOURDAIN

Est-ce que les Gens de Qualité en ont ?

MAISTRE DE MUSIQUE

Oüy, Monsieur.

MONSIEUR JOURDAIN

J'en auray donc. Cela sera-t-il beau ?

MAISTRE DE MUSIQUE

Sans doute. Il vous faudra trois Voix, un Dessus, une Haute-contre, et une Basse, qui seront accompagnées d'une Basse de viole, d'un Téorbe, et d'un Clavessin pour les Basses continuës, avec deux Dessus de Violon pour jouer les Ritornelles.

MONSIEUR JOURDAIN

Il y faudra mettre aussi une Trompette marine. La Trompette marine est un Instrument qui me plaist, et qui est harmonieux.

MAISTRE DE MUSIQUE

Laissez-nous gouverner les choses.

MONSIEUR JOURDAIN

Au moins, n'oubliez pas tantost de m'envoyer des Musiciens pour chanter à Table.

MAISTRE DE MUSIQUE

Vous aurez tout ce qu'il vous faut.

MONSIEUR JOURDAIN

Mais, sur tout, que le Ballet soit beau.

MAISTRE DE MUSIQUE

Vous en serez content, et, entre autres choses, de certains Menüets que vous y verrez.

MONSIEUR JOURDAIN

Ah ! les Menüets sont ma Dance, et je veux que vous me les voyiez dancer. — Allons, mon Maistre.

MAISTRE A DANCER

Un chapeau, Monsieur, s'il vous plaist. *La, la, la;*
XXVI.   4

La, la, la, la, la. La, la, la. La, la. La, la. La, la, la.
En cadence, s'il vous plaist : *La, la, la, la, la.* La jambe
droite ; *la, la, la.* Ne remuez point tant les épaules.
La, la, la, la, la. La, la, la, la, la. Vos deux bras sont
estropiez. *La, la, la, la, la.* Haussez la teste. Tournez
la pointe du pied en dehors. *La, la, la.* Dressez vostre
corps.

MONSIEUR JOURDAIN

Euh ?

MAISTRE DE MUSIQUE

Voilà qui est le mieux du monde.

MONSIEUR JOURDAIN

A propos ! Aprenez-moy comme il faut faire une
Révérence pour saluer une Marquise ; j'en auray besoin
tantost.

MAISTRE A DANCER

Une Révérence pour saluer une Marquise ?

MONSIEUR JOURDAIN

Oüy. Une Marquise, qui s'apelle Dorimène.

MAISTRE A DANCER

Donnez-moy la main.

MONSIEUR JOURDAIN

Non. Vous n'avez qu'à faire ; je le retiendray bien.

MAISTRE A DANCER

Si vous voulez la saluer avec beaucoup de respect, il faut faire d'abord une Révérence en arrière, puis marcher vers elle avec trois Révérences en avant, et, à la dernière, vous baisser jusqu'à ses genoux.

MONSIEUR JOURDAIN

Faites un peu. — Bon.

SCÈNE II

MAISTRE D'ARMES, MAISTRE DE MUSIQUE
MAISTRE A DANCER, MONSIEUR JOURDAIN
DEUX LAQUAIS

MAISTRE D'ARMES, *après luy avoir mis le fleuret à la main.*

Allons, Monsieur, la révérence. Vostre corps droit. Un peu panché sur la cuisse gauche. Les jambes point tant écartées. Vos pieds sur une mesme ligne. Vostre poignet à l'opposite de vostre hanche. La pointe de vostre Épée vis-à-vis de vostre épaule. Le bras pas tout à fait si étendu. La main gauche à la hauteur de l'œil. L'épaule gauche plus quartée. La teste droite. Le regard assuré. Avancez. Le corps ferme. Touchez-moy l'Épée de quarte, et achevez de mesme. Une, deux. Remettez-vous. Redoublez de pied ferme. Un saut en arrière. Quand vous portez la Botte, Monsieur, il faut que l'Épée parte la première, et que le corps soit bien effacé. Une, Deux. Allons ; touchez-moy l'Épée de tierce, et achevez de mesme. Avancez. Le corps ferme. Avancez. Partez de là. Une, Deux. Remettez-vous, Redoublez. Un saut en arrière. En garde, Monsieur, en garde.

Le Maistre d'armes luy pousse deux ou trois Bottes en luy disant :

En garde.

MONSIEUR JOURDAIN

Euh ?

MAISTRE DE MUSIQUE

Vous faites des merveilles.

MAISTRE D'ARMES

Je vous l'ay déjà dit. Tout le secret des Armes ne consiste qu'en deux choses, à donner et à ne point recevoir, et, comme je vous fis voir l'autre jour par raison démonstrative, il est impossible que vous receviez si vous sçavez détourner l'Épée de vostre ennemy de la ligne de vostre corps ; ce qui ne dépend seulement que d'un petit mouvement du poignet, ou en dedans, ou en dehors.

MONSIEUR JOURDAIN

De cette façon, donc, un Homme, sans avoir du cœur, est seûr de tuer son Homme, et de n'estre point tué ?

MAISTRE D'ARMES

Sans doute. N'en vistes-vous pas la démonstration ?

MONSIEUR JOURDAIN

Oüy.

MAISTRE D'ARMES

Et c'est en quoy l'on voit de quelle considération,
nous autres, nous devons estre dans un État, et combien la Science des Armes l'emporte hautement sur
toutes les autres Sciences inutiles, comme la Dance,
la Musique, la...

MAISTRE A DANCER

Tout beau, Monsieur le Tireur d'Armes. Ne parlez
de la Dance qu'avec respect.

MAISTRE DE MUSIQUE

Aprenez, je vous prie, à mieux traitter l'excellence
de la Musique.

MAISTRE D'ARMES

Vous estes de plaisantes Gens, de vouloir comparer
vos Sciences à la mienne !

MAISTRE DE MUSIQUE

Voyez un peu l'Homme d'importance !

MAISTRE A DANCER

Voilà un plaisant Animal, avec son Plastron !

MAISTRE D'ARMES

Mon petit Maistre à dancer, je vous ferois dancer comme il faut. Et vous, mon petit Musicien, je vous ferois chanter de la belle manière.

MAISTRE A DANCER

Monsieur le Batteur de Fer, je vous aprendray vostre Mestier.

Monsieur JOURDAIN, *au Maistre à dancer.*

Estes-vous fou de l'aller quereller, luy qui entend la tierce et la quarte, et qui sçait tuer un Homme par raison démonstrative ?

MAISTRE A DANCER

Je me moque de sa raison démonstrative, et de sa tierce, et de sa quarte.

Monsieur JOURDAIN

Tout doux, vous dis-je.

MAISTRE D'ARMES

Comment ? Petit Impertinent !

Monsieur JOURDAIN

Eh ! mon Maistre d'Armes !

MAISTRE A DANCER

Comment ? Grand Cheval de Carosse !

MONSIEUR JOURDAIN

Eh! mon Maistre à Dancer!

MAISTRE D'ARMES

Si je me jette sur vous...

MONSIEUR JOURDAIN

Doucement.

MAISTRE A DANCER

Si je mets sur vous la main...

MONSIEUR JOURDAIN

Tout beau!

MAISTRE D'ARMES

Je vous étrilleray d'un air...

MONSIEUR JOURDAIN

De grâce!

MAISTRE A DANCER

Je vous rosseray d'une manière...

MONSIEUR JOURDAIN

Je vous prie...

MAISTRE DE MUSIQUE

Laissez-nous un peu pour luy aprendre à parler.

MONSIEUR JOURDAIN

Mon Dieu, arrestez-vous!

SCÈNE III

MAISTRE DE PHILOSOPHIE, MAISTRE DE MUSIQUE
MAISTRE A DANCER, MAISTRE D'ARMES
Monsieur JOURDAIN, LAQUAIS

Monsieur JOURDAIN

Holà, Monsieur le Philosophe, vous arrivez tout à propos avec vostre Philosophie. Venez un peu mettre la Paix entre ces Personnes-cy.

MAISTRE DE PHILOSOPHIE

Qu'est-ce donc ? Qu'y a-t-il, Messieurs ?

Monsieur JOURDAIN

Ils se sont mis en colère pour la préférence de leurs Professions, jusqu'à se dire des injures, et vouloir en venir aux mains.

MAISTRE DE PHILOSOPHIE

Hé quoy, Messieurs, faut-il s'emporter de la sorte ? et n'avez-vous point leu le docte Traitté que Sénèque a composé, de la Colère ? Y a-t-il rien de plus bas et de plus honteux que cette passion, qui fait d'un Homme une Beste féroce ? et la Raison ne doit-elle pas estre maistresse de tous nos mouvemens ?

MAISTRE A DANCER

Comment, Monsieur ! il vient nous dire des injures
à tous deux, en méprisant la Dance, que j'exerce, et la
Musique, dont il fait profession.

MAISTRE DE PHILOSOPHIE

Un Homme sage est au-dessus de toutes les injures
qu'on luy peut dire, et la grande réponse qu'on doit
faire aux outrages, c'est la modération, et la patience.

MAISTRE D'ARMES

Ils ont tous deux l'audace de vouloir comparer leurs
Professions à la mienne !

MAISTRE DE PHILOSOPHIE

Faut-il que cela vous émeuve ! Ce n'est pas de
vaine gloire, et de Condition, que les Hommes doivent
disputer entre eux; et ce qui nous distingue parfaitement les uns des autres, c'est la Sagesse, et la Vertu.

MAISTRE A DANCER

Je luy soutiens que la Dance est une Science à
laquelle on ne peut faire assez d'honneur.

MAISTRE DE MUSIQUE

Et moy, que la Musique en est une que tous les
Siècles ont révérée.

MAISTRE D'ARMES

Et moy, je leur soutiens à tous deux que la Science
XXVI.   5

de tirer des Armes est la plus belle et la plus nécessaire de toutes les Sciences.

MAISTRE DE PHILOSOPHIE

Et que sera donc la Philosophie? Je vous trouve
tous trois bien impertinens de parler devant moy avec
cette arrogance, et de donner impudemment le nom
de Science à des choses que l'on ne doit pas même
honorer du nom d'Art, et qui ne peuvent estre com-
prises que sous le nom de Mestier misérable de
Gladiateur, de Chanteur, et de Baladin!

MAISTRE D'ARMES

Allez, Philosophe de chien!

MAISTRE DE MUSIQUE

Allez, Bélistre de Pédant!

MAISTRE A DANCER

Allez, Cuistre fieffé!

MAISTRE DE PHILOSOPHIE

Comment? Marauts que vous estes...

Le Philosophe se jète sur eux, et tous trois le chargent de coups, et sortent en se battant.

MONSIEUR JOURDAIN

Monsieur le Philosophe!

MAISTRE DE PHILOSOPHIE

Infâmes, coquins, insolens!

MONSIEUR JOURDAIN

Monsieur le Philosophe!

MAISTRE D'ARMES

La peste l'Animal!

MONSIEUR JOURDAIN

Messieurs!

MAISTRE DE PHILOSOPHIE

Impudens!

MONSIEUR JOURDAIN

Monsieur le Philosophe!

MAISTRE A DANCER

Diantre soit de l'Asne bâté!

MONSIEUR JOURDAIN

Messieurs!

MAISTRE DE PHILOSOPHIE

Scélérats!

MONSIEUR JOURDAIN

Monsieur le Philosophe!

MAISTRE DE MUSIQUE

Au Diable l'impertinent!

MONSIEUR JOURDAIN

Messieurs!

MAISTRE DE PHILOSOPHIE

Fripons, gueux, traistres, imposteurs !

Monsieur JOURDAIN

Monsieur le Philosophe ! Messieurs ! Monsieur le Philosophe ! Messieurs ! Monsieur le Philosophe !

Ils sortent.

Oh ! battez-vous tant qu'il vous plaira. Je n'y sçaurois que faire, et je n'iray pas gaster ma Robe pour vous séparer. Je serois bien fou de m'aller fourrer parmy eux, pour recevoir quelque coup qui me feroit mal.

SCÈNE IV·

MAISTRE DE PHILOSOPHIE, MONSIEUR JOURDAIN

MAISTRE DE PHILOSOPHIE, *en racommodant son colet.*

Venons à nostre leçon.

Monsieur JOURDAIN

Ah ! Monsieur, je suis fâché des coups qu'ils vous ont donnés.

MAISTRE DE PHILOSOPHIE

Cela n'est rien. Un Philosophe sçait recevoir comme il faut les choses, et je vay composer contr'eux une Satyre du style de Juvénal, qui les déchirera de la belle façon. Laissons cela. — Que voulez-vous aprendre ?

MONSIEUR JOURDAIN

Tout ce que je pouray ; car j'ay toutes les.envies du monde d'estre sçavant, et j'enrage que mon Père et ma Mère ne m'ayent pas fait bien étudier dans toutes les Sciences, quand j'estois jeune.

MAISTRE DE PHILOSOPHIE

Ce sentiment est raisonnable,

Nam, sine doctrinâ, Vita est quasi Mortis imago.

Vous entendez cela, et vous sçavez le Latin, sans doute ?

MONSIEUR JOURDAIN

Oüy ; mais faites comme si je ne le sçavois pas. Expliquez-moy ce que cela veut dire.

MAISTRE DE PHILOSOPHIE

Cela veut dire que, *sans la Science, la Vie est presque une image de la Mort.*

MONSIEUR JOURDAIN

Ce Latin-là a raison.

MAISTRE DE PHILOSOPHIE

N'avez-vous point quelques principes, quelques commencemens des Sciences ?

MONSIEUR JOURDAIN

Oh oüy; je sçay lire et écrire.

MAISTRE DE PHILOSOPHIE

Par où vous plaist-il que nous commencions? Voulez-vous que je vous aprenne la Logique?

MONSIEUR JOURDAIN

Qu'est-ce que c'est que cette Logique?

MAISTRE DE PHILOSOPHIE

C'est elle qui enseigne les trois Opérations de l'Esprit.

MONSIEUR JOURDAIN

Qui sont-elles, ces trois Opérations de l'Esprit?

MAISTRE DE PHILOSOPHIE

La première, la seconde, et la troisième. La première est de bien concevoir, par le moyen des Universaux; la seconde, de bien juger, par le moyen des Catégories; et la troisième, de bien tirer une Conséquence, par le moyen des Figures

Barbara, Celarent, Darii, Ferio, Baralipton, etc.

MONSIEUR JOURDAIN

Voilà des mots qui sont trop rébarbatifs. Cette Logique-là ne me revient point. Aprenons autre chose qui soit plus joly.

MAISTRE DE PHILOSOPHIE

Voulez-vous aprendre la Morale ?

MONSIEUR JOURDAIN

La Morale ?

MAISTRE DE PHILOSOPHIE

Oüy.

MONSIEUR JOURDAIN

Qu'est-ce qu'elle dit, cette Morale ?

MAISTRE DE PHILOSOPHIE

Elle traite de la Félicité, enseigne aux Hommes à modérer leurs passions, et...

MONSIEUR JOURDAIN

Non ; laissons cela. Je suis bilieux comme tous les Diables, et il n'y a Morale qui tienne, je me veux mettre en colère tout mon saoul, quand il m'en prend envie.

MAISTRE DE PHILOSOPHIE

Est-ce la Physique que vous voulez aprendre ?

MONSIEUR JOURDAIN

Qu'est-ce qu'elle chante, cette Physique ?

MAISTRE DE PHILOSOPHIE

La Physique est celle qui explique les principes des choses naturelles, et les propriétés du corps ; qui

discourt de la nature des Élémens, des Métaux, des
Minéraux, des Pierres, des Plantes et des Animaux,
et nous enseigne les causes de tous les Météores,
l'Arc-en-ciel, les Feux volants, les Comètes, les Éclairs,
le Tonnerre, la Foudre, la Pluye, la Neige, la Gresle,
les Vents et les Tourbillons.

Monsieur JOURDAIN

· Il y a trop de tintamare là-dedans, trop de broüil-
laminy.

MAISTRE DE PHILOSOPHIE

Que voulez-vous donc que je vous aprenne ?

Monsieur JOURDAIN

Aprenez-moy l'ortographe.

MAISTRE DE PHILOSOPHIE

Très-volontiers.

Monsieur JOURDAIN

Après, vous m'aprendrez l'Almanach, pour sçavoir
quand il y a de la Lune, et quand il n'y en a point.

MAISTRE DE PHILOSOPHIE

Soit. Pour bien suivre vostre pensée, et traitter cette
matière en Philosophe, il faut commencer, selon
l'ordre des choses, par une exacte connoissance de la
nature des Lettres, et de la diférente manière de les

prononcer toutes. Et là-dessus j'ay à vous dire que les Lettres sont divisées en Voyelles, ainsi dites Voyelles parce qu'elles expriment les Voix ; et en Consonnes, ainsi appelées Consonnes parce qu'elles sonnent avec les Voyelles, et ne font que marquer les diverses articulations des Voix. Il y a cinq Voyelles, ou Voix : A, E, I, O, U.

MONSIEUR JOURDAIN

J'entens tout cela.

MAISTRE DE PHILOSOPHIE

La Voix A se forme en ouvrant fort la bouche : A.

MONSIEUR JOURDAIN

A, A. Oüy.

MAISTRE DE PHILOSOPHIE

La voix E se forme en r'aprochant la mâchoire d'en bas de celle d'en haut : A, E.

MONSIEUR JOURDAIN

A, E; A, E. Ma foy, cüy. Ah, que cela est beau !

MAISTRE DE PHILOSOPHIE

Et la Voix I, en r'aprochant encore davantage les mâchoires l'une de l'autre, et écartant les deux coins de la bouche vers les oreilles : A, E, I.

MONSIEUR JOURDAIN

A, E, I, I, I, I. Cela est vray. Vive la Science.
XXVI.   6

MAISTRE DE PHILOSOPHIE

La voix O se forme en r'ouvrant les mâchoires, et r'aprochant les lèvres par les deux coins, le haut et le bas : O.

Monsieur JOURDAIN

O, O. Il n'y a rien de plus juste. A, E, I, O ; I, O. Cela est admirable ! I, O ; I, O.

MAISTRE DE PHILOSOPHIE

L'ouverture de la bouche fait justement comme un petit rond, qui représente un O.

Monsieur JOURDAIN

O, O, O. Vous avez raison. O. Ah ! la belle chose que de sçavoir quelque chose !

MAISTRE DE PHILOSOPHIE

La voix U se forme en r'aprochant les dents sans les joindre entièrement, et allongeant les deux lèvres en dehors, les aprochant aussi l'une de l'autre, sans les rejoindre tout à fait : U.

Monsieur JOURDAIN

U, U. Il n'y a rien de plus véritable : U.

MAISTRE DE PHILOSOPHIE

Vos deux lèvres s'allongent comme si vous faisiez la moue. D'où vient que, si vous la voulez faire à quelqu'un et vous moquer de luy, vous ne sçauriez luy dire que U.

MONSIEUR JOURDAIN

U, U. Cela est vray. Ah! que n'ay-je étudié plutost pour sçavoir tout cela!

MAISTRE DE PHILOSOPHIE

Demain, nous verrons les autres Lettres, qui sont les Consonnes.

MONSIEUR JOURDAIN

Est-ce qu'il y a des choses aussi curieuses qu'à celles-cy?

MAISTRE DE PHILOSOPHIE

Sans doute. La Consonne D, par exemple, se prononce en donnant du bout de la langue au-dessus des dents d'en haut : DA.

MONSIEUR JOURDAIN

DA, DA. Oüy! Ah! les belles choses! les belles choses!

MAISTRE DE PHILOSOPHIE

L'F, en apuyant les dents d'en haut sur la lèvre de dessous : FA.

MONSIEUR JOURDAIN

FA, FA. C'est la vérité. Ah! mon Père et ma Mère, que je vous veux de mal!

MAISTRE DE PHILOSOPHIE

Et l'R, en portant le bout de la langue jusqu'au haut du palais ; de sorte qu'estant frôlée par l'air qui sort avec force, elle luy cède, et revient toûjours au mesme endroit, faisant une manière de tremblement : R, RA.

MONSIEUR JOURDAIN

R, R, RA ; R, R, R, R, R, RA. Cela est vray. Ah ! l'habile Homme que vous estes, et que j'ay perdu de temps ! R, R, R, RA.

MAISTRE DE PHILOSOPHIE

Je vous expliqueray à fond toutes ces curiositez.

MONSIEUR JOURDAIN

Je vous en prie. — Au reste, il faut que je vous fasse une confidence. Je suis amoureux d'une Personne de grande Qualité, et je souhaiterois que vous m'aidassiez à luy écrire quelque chose dans un petit Billet, que je veux laisser tomber à ses pieds.

MAISTRE DE PHILOSOPHIE

Fort bien !

MONSIEUR JOURDAIN

Cela sera galant, oüy.

MAISTRE DE PHILOSOPHIE

Sans doute. Sont-ce des Vers que vous luy voulez écrire ?

MONSIEUR JOURDAIN

Non, non ; point ce Vers.

MAISTRE DE PHILOSOPHIE

Vous ne voulez que de la Prose ?

MONSIEUR JOURDAIN

Non, je ne veux ny Prose ny Vers.

MAISTRE DE PHILOSOPHIE

Il faut bien que ce soit l'un ou l'autre.

MONSIEUR JOURDAIN

Pourquoy ?

MAISTRE DE PHILOSOPHIE

Par la raison, Monsieur, qu'il n'y a, pour s'exprimer, que la Prose ou les Vers.

MONSIEUR JOURDAIN

Il n'y a que la Prose, ou les Vers ?

MAISTRE DE PHILOSOPHIE

Non, Monsieur. Tout ce qui n'est point Prose est
Vers ; tout ce qui n'est point Vers est Prose.

MONSIEUR JOURDAIN

Et comme l'on parle, qu'est-ce que c'est donc que
cela ?

MAISTRE DE PHILOSOPHIE

De la Prose.

MONSIEUR JOURDAIN

Quoy, quand je dis : « Nicole, aportez-moy mes Pantouffles, et me donnez mon Bonnet de nuit », c'est de la Prose ?

MAISTRE DE PHILOSOPHIE

Oüy, Monsieur.

MONSIEUR JOURDAIN

Par ma foy, il y a plus de quarante ans que je dis de la Prose, sans que j'en sçeusse rien, et je vous suis le plus obligé du monde de m'avoir apris cela. Je voudrois donc luy mettre dans un Billet : *Belle Marquise, vos beaux yeux me font mourir d'amour;* mais je voudrois que cela fût mis d'une manière galante, que cela fût tourné gentiment.

MAISTRE DE PHILOSOPHIE

Mettre que le feu de ses yeux réduisent vostre cœur en cendres; que vous souffrez nuit et jour pour elle les violences d'un...

MONSIEUR JOURDAIN

Non, non, non, je ne veux point tout cela. Je ne veux que ce que je vous ay dit : *Belle Marquise, vos beaux yeux me font mourir d'amour.*

MAISTRE DE PHILOSOPHIE

Il faut bien étendre un peu la chose.

MONSIEUR JOURDAIN

Non, vous dy-je. Je ne veux que ces seules paroles-
là dans le Billet, mais tournées à la mode, bien arran-
gées comme il faut. Je vous prie de me dire un peu,
pour voir, les diverses manières dont on les peut mettre.

MAISTRE DE PHILOSOPHIE

On les peut mettre premièrement comme vous
avez dit : *Belle Marquise, vos beaux yeux me font mourir
d'amour.* Ou bien : *D'amour mourir me font, belle Marquise, vos beaux yeux.* Ou bien : *Vos yeux beaux d'amour
me font, belle Marquise, mourir.* Ou bien : *Mourir vos
beaux yeux, belle Marquise, d'amour me font.* Ou bien :
Me font vos yeux beaux mourir, belle Marquise, d'amour.

MONSIEUR JOURDAIN

Mais, de toutes ces façons-là, laquelle est la meilleure ?

MAISTRE DE PHILOSOPHIE

Celle que vous avez dite : *Belle Marquise, vos beaux
yeux me font mourir d'amour.*

MONSIEUR JOURDAIN

Cependant je n'ay point étudié, et j'ay fait cela tout
du premier coup. Je vous remercie de tout mon cœur,
et vous prie de venir demain de bonne heure.

MAISTRE DE PHILOSOPHIE

Je n'y manqueray pas.

MONSIEUR JOURDAIN

— Comment! mon habit n'est point encore arrivé ?

SECOND LAQUAIS

Non, Monsieur.

MONSIEUR JOURDAIN

Ce maudit Tailleur me fait bien attendre pour un jour où j'ay tant d'affaires. J'enrage. Que la Fièvre quartaine puisse serrer bien fort le Bourreau de Tailleur! Au Diable le Tailleur! La Peste étouffe le Tailleur! Si je le tenois maintenant, ce Tailleur détestable, ce chien de Tailleur-là, ce traistre de Tailleur, je..

SCÈNE V

MAISTRE TAILLEUR, GARÇON TAILLEUR *portant l'Habit de Monsieur Jourdain;* MONSIEUR JOURDAIN, LAQUAIS

MONSIEUR JOURDAIN

Ah! vous voilà! Je m'allois mettre en colère contre vous.

MAISTRE TAILLEUR

Je n'ay pas pû venir plutost, et j'ay mis vingt Garçons après vostre Habit.

MONSIEUR JOURDAIN

Vous m'avez envoyé des Bas de soye si étroits que

j'ay eu toutes les peines du monde à les mettre, et il y a déjà deux mailles de rompuës.

MAISTRE TAILLEUR

Ils ne s'élargiront que trop.

MONSIEUR JOURDAIN

Oüy, si je romps toûjours des mailles. Vous m'avez aussi fait faire des Souliers qui me blessent furieusement.

MAISTRE TAILLEUR

Point du tout, Monsieur.

MONSIEUR JOURDAIN

Comment! point du tout?

MAISTRE TAILLEUR

Non. Ils ne vous blessent point.

MONSIEUR JOURDAIN

Je vous dis qu'ils me blessent, moy.

MAISTRE TAILLEUR

Vous vous imaginez cela.

MONSIEUR JOURDAIN

Je me l'imagine parce que je le sens. Voyez la belle raison!

MAISTRE TAILLEUR

Tenez, voilà le plus bel Habit de la Cour, et le

XXVI. 7

mieux assorty. C'est un chef-d'œuvre que d'avoir
inventé un Habit sérieux qui ne fût pas noir, et je le
donne en six coups aux Tailleurs les plus éclairez.

MONSIEUR JOURDAIN

Qu'est-ce que c'est que cecy? Vous avez mis les
fleurs en enbas.

MAISTRE TAILLEUR

Vous ne m'aviez pas dit que vous les vouliez en
enhaut.

MONSIEUR JOURDAIN

Est-ce qu'il faut dire cela ?

MAISTRE TAILLEUR

Oüy vrayment. Toutes les Personnes de Qualité les
portent de la sorte.

MONSIEUR JOURDAIN

Les Personnes de Qualité portent les fleurs en enbas ?

MAISTRE TAILLEUR

Oüy, Monsieur.

MONSIEUR JOURDAIN

Oh ; voilà qui est donc bien.

MAISTRE TAILLEUR

Si vous voulez, je les mettray en enhaut.

Monsieur JOURDAIN

Non, non.

MAISTRE TAILLEUR

Vous n'avez qu'à dire.

Monsieur JOURDAIN

Non, vous dy-je ; vous avez bien fait. Croyez-vous
que l'Habit m'aille bien ?

MAISTRE TAILLEUR

Belle demande. Je défie un Peintre, avec son pin-
ceau, de vous faire rien de plus juste. J'ay chez moy
un Garçon qui, pour monter une Ringrave, est le plus
grand Génie du Monde ; et un autre qui, pour assem-
bler un Pourpoint, est le Héros de nostre Temps.

Monsieur JOURDAIN

La Perruque et les Plumes sont-elles comme il faut ?

MAISTRE TAILLEUR

Tout est bien.

Monsieur JOURDAIN

Ah, ah, Monsieur le Tailleur, voilà de mon étoffe
du dernier Habit que vous m'avez fait. Je la reconnoy
bien.

MAISTRE TAILLEUR

C'est que l'étoffe me sembla si belle que j'en ay
voulu lever un Habit pour moy.

MONSIEUR JOURDAIN

Oüy, mais il ne falloit pas le lever avec le mien.

MAISTRE TAILLEUR

Voulez-vous mettre vostre Habit ?

MONSIEUR JOURDAIN

Oüy ; donnez-moy.

MAISTRE TAILLEUR

Attendez. Cela ne va pas comme cela. J'ay amené
des Gens pour vous habiller en cadance, et ces sortes
d'Habits se mettent avec cérémonie. — Holà ! entrez,
vous autres. Mettez cet habit à Monsieur, de la manière que vous faites aux Personnes de Qualité.

Quatre Garçons Tailleurs, dont deux luy arrachent le Haut-de-chausse de ses Exercices, et
deux autres la Camisole, puis ils luy mettent son Habit neuf ; et Monsieur Jourdain se
promène entr'eux, et leur montre son Habit pour voir s'il est bien. Le tout à la cadance
de toute la Simphonie.

GARÇON TAILLEUR

Mon Gentilhomme, donnez, s'il vous plaît, aux
Garçons quelque chose pour boire.

MONSIEUR JOURDAIN

Comment m'appellez-vous ?

GARÇON TAILLEUR

Mon Gentilhomme.

MONSIEUR JOURDAIN

Mon Gentilhomme! Voilà ce que c'est de se mettre en Personne de Qualité! Allez-vous-en demeurer toûjours habillé en Bourgeois, on ne vous dira point : *Mon Gentilhomme.* — Tenez, voilà pour *Mon Gentil-homme.*

GARÇON TAILLEUR

Monseigneur, nous vous sommes bien obligez.

MONSIEUR JOURDAIN

Monseigneur! Oh, oh! *Monseigneur!* Attendez, mon amy ; *Monseigneur* mérite quelque chose, et ce n'est pas une petite parole que *Monseigneur!* Tenez, voilà ce que *Monseigneur* vous donne.

GARÇON TAILLEUR

Monseigneur, nous allons boire tous à la santé de Vostre Grandeur.

MONSIEUR JOURDAIN

Vostre Grandeur! Oh, oh, oh! Attendez ; ne vous en allez pas. A moy, *Vostre Grandeur!* — Ma foy, s'il va jusqu'à l'Altesse, il aura toute ma Bourse. — Tenez, voilà pour *Ma Grandeur.*

GARÇON TAILLEUR

Monseigneur, nous la remercions très humblement de ses libéralitez.

Monsieur JOURDAIN

Il a bien fait; je luy allois tout donner.

Les quatre Garçons tailleurs se réjoüissent par une Dance, qui fait le Second Intermède.

GARÇON TAILLEUR
*Mon Gentilhomme, donnez
s'il vous plaist.*

MONSIEUR JOURDAIN
Tout beau. Hola, ehí doucement.

ACTE III

SCÈNE PREMIÈRE

Monsieur JOURDAIN, LAQUAIS

Monsieur JOURDAIN

NICOLE
Hi, hi, hi, comme vous voilà bâty!

UIVEZ-MOY, que j'aille un peu
montrer mon Habit par la
Ville; et sur tout ayez soin
tous deux de marcher im-
médiatement sur mes pas,
afin qu'on voye bien que
vous estes à moy.

LAQUAIS

Oüy, Monsieur.

Monsieur JOURDAIN

Appellez-moy Nicole, que je luy donne quelques
ordres. Ne bougez; la voilà.

SCÈNE II

NICOLE, Monsieur JOURDAIN, LAQUAIS

Monsieur JOURDAIN

Nicole !

NICOLE

Plaist-il ?

Monsieur JOURDAIN

Écoutez.

NICOLE

Hi, hi, hi, hi, hi.

Monsieur JOURDAIN

Qu'as-tu à rire ?

NICOLE

Hi, hi, hi, hi, hi, hi.

Monsieur JOURDAIN

Que veut dire cette coquine-là ?

NICOLE

Hi, hi, hi. Comme vous voilà basty ! Hi, hi, hi.

Monsieur JOURDAIN

Comment donc ?

NICOLE

Ah, ah, mon Dieu ! Hi, hi, hi, hi, hi.

Monsieur JOURDAIN

Quelle Friponne est-ce là. Te moques-tu de moy ?

NICOLE

Nenny, Monsieur ; j'en serois bien fâchée. Hi, hi, hi, hi, hi, hi.

Monsieur JOURDAIN

Je te bailleray sur le nez, si tu ris davantage.

NICOLE

Monsieur, je ne puis pas m'en empescher. Hi, hi, hi, hi, hi, hi.

Monsieur JOURDAIN

Tu ne t'arresteras pas ?

NICOLE

Monsieur, je vous demande pardon ; mais vous estes si plaisant que je ne sçaurois me tenir de rire. Hi, hi, hi.

Monsieur JOURDAIN

Mais voyez quelle insolence.

NICOLE

Vous estes tout à fait drôle comme cela. Hi, hi.

Monsieur JOURDAIN

Je te...

XXVI.   8

NICOLE

Je vous prie de m'excuser. Hi, hi, hi, hi.

Monsieur JOURDAIN

Tien, si tu ris encore le moins du monde, je te jure que je t'apliqueray sur la joue le plus grand souflet qui se soit jamais donné.

NICOLE

Hé bien ! monsieur, voilà qui est fait ; je ne riray plus.

Monsieur JOURDAIN

Prens-y bien garde. Il faut que, pour tantost, tu nettoyes...

NICOLE

Hi, hi.

Monsieur JOURDAIN

Que tu nettoyes comme il faut...

NICOLE

Hi, hi.

Monsieur JOURDAIN

Il faut, dis-je, que tu nettoyes la Salle, et...

NICOLE

Hi, hi.

Monsieur JOURDAIN

Encore ?

NICOLE

Tenez, Monsieur, battez-moy plutost, et me laissez rire tout mon saoul; cela me fera plus de bien. Hi, hi, hi, hi, hi.

Monsieur JOURDAIN

J'enrage !

NICOLE

De grâce, Monsieur, je vous prie de me laisser rire. Hi, hi, hi.

Monsieur JOURDAIN

Si je te prens...

NICOLE

Monsieur... eur, je crèveray... ay, si je ne ry. Hi, hi, hi.

Monsieur JOURDAIN

Mais a-t-on jamais veu une Pendarde comme celle-là, qui me vient rire insolemment au nez, au lieu de recevoir mes ordres ?

NICOLE

Que voulez-vous que je fasse, Monsieur ?

Monsieur JOURDAIN

Que tu songes, Coquine, à préparer ma Maison pour la Compagnie qui doit venir tantost.

NICOLE

Ah ! par ma foy, je n'ay plus envie de rire ; et toutes vos Compagnies font tant de désordre céans que ce mot est assez pour me mettre en mauvaise humeur.

Monsieur JOURDAIN

Ne dois-je point pour toy fermer ma Porte à tout le Monde ?

NICOLE

Vous devriez au moins la fermer à certaines Gens.

SCÈNE III

Madame JOURDAIN, Monsieur JOURDAIN
NICOLE, LAQUAIS

Madame JOURDAIN

Ah, ah, voicy une nouvelle histoire ! Qu'est-ce que c'est donc, mon Mary, que cet équipage-là ? Vous moquez-vous du Monde, de vous estre fait enharna-cher de la sorte ? et avez-vous envie qu'on se raille par tout de vous ?

Monsieur JOURDAIN

Il n'y a que des Sots, et des Sottes, ma Femme, qui se railleront de moy.

MADAME JOURDAIN

Vrayment on n'a pas attendu jusqu'à cette heure, et il y a longtemps que vos façons de faire donnent à rire à tout le Monde.   •

MONSIEUR JOURDAIN

Qui est donc tout ce Monde-là, s'il vous plaist ?

MADAME JOURDAIN

Tout ce Monde-là est un Monde qui a raison, et qui est plus sage que vous. Pour moy, je suis scandalisée de la vie que vous menez. Je ne sçay plus ce que c'est que nostre Maison. On diroit qu'il est céans Caresme-prenant tous les jours, et, dès le matin, de peur d'y manquer, on y entend des vacarmes de Violons et de Chanteurs, dont tout le voisinage se trouve incommodé.

NICOLE

Madame parle bien. Je ne sçaurois plus voir mon ménage propre, avec cet attirail de Gens que vous faites venir chez vous. Ils ont des pieds qui vont chercher de la bouë dans tous les Quartiers de la Ville, pour l'apporter icy ; et la pauvre Françoise est presque sur les dents, à frotter les planchers, que vos biaux Maistres viennent crotter régulièrement tous les jours.

Monsieur JOURDAIN

Oüais, nostre Servante Nicole, vous avez le caquet bien affilé pour une Paysanne.

Madame JOURDAIN

Nicole a raison, et son sens est meilleur que le vostre. Je voudrois bien sçavoir ce que vous pensez faire d'un Maistre à dancer, à l'âge que vous avez.

NICOLE

Et d'un grand Maistre Tireur d'Armes, qui vient, avec ses battements de pied, ébranler toute la Maison, et nous déraciner tous les carriaux de nostre Salle.

Monsieur JOURDAIN

Taisez-vous, ma Servante, et ma Femme.

Madame JOURDAIN

Est-ce que vous voulez aprendre à dancer pour quand vous n'aurez plus de jambes ?

NICOLE

Est-ce que vous avez envie de tuer quelqu'un ?

Monsieur JOURDAIN

Taisez-vous, vous dis-je. Vous estes des ignorantes l'une et l'autre, et vous ne sçavez pas les prérogatives de tout cela.

MADAME JOURDAIN

Vous devriez bien plutost songer à marier vostre Fille, qui est en âge d'estre pourveuë.

MONSIEUR JOURDAIN

Je songeray à marier ma Fille quand il se présentera un Party pour elle ; mais je veux songer aussi à aprendre les belles choses.

NICOLE

J'ay encore oüy dire, Madame, qu'il a pris aujour-d'huy, pour renfort de potage, un Maistre de Philo-sophie.

MONSIEUR JOURDAIN

Fort bien. Je veux avoir de l'esprit, et sçavoir rai-sonner des choses parmy les honnestes Gens.

MADAME JOURDAIN

N'irez-vous point, l'un de ces jours, au Collège, vous faire donner le foüet, à vostre âge ?

MONSIEUR JOURDAIN

Pourquoy non ? Plût à Dieu l'avoir tout à l'heure, le foüet, devant tout le Monde, et sçavoir ce qu'on aprend au Collège !

NICOLE

Oüy, ma foy, cela vous rendroit la jambe bien mieux faite.

Monsieur JOURDAIN

Sans doute.

Madame JOURDAIN

Tout cela est fort nécessaire pour conduire vostre
Maison.

Monsieur JOURDAIN

Assurément. Vous parlez toutes deux comme des
Bestes, et j'ay honte de vostre ignorance. — Par
exemple, sçavez-vous, vous, ce que c'est que vous dites
à cette heure ?

Madame JOURDAIN

Oüy. Je sçay que ce que je dis est fort bien dit, et
que vous devriez songer à vivre d'autre sorte.

Monsieur JOURDAIN

Je ne parle pas de cela. Je vous demande ce que
c'est que les paroles que vous dites icy.

Madame JOURDAIN

Ce sont des paroles bien sensées, et vostre conduite
ne l'est guères.

Monsieur JOURDAIN

Je ne parle pas de cela, vous dy-je. Je vous demande : Ce que je parle avec vous, ce que je vous dis
à cette heure, qu'est-ce que c'est ?

MADAME JOURDAIN

Des Chansons.

MONSIEUR JOURDAIN

Hé non, ce n'est pas cela. Ce que nous disons
tous deux, le langage que nous parlons à cette heure ?

MADAME JOURDAIN

Hé bien ?

MONSIEUR JOURDAIN

Comment est-ce que cela s'apelle ?

MADAME JOURDAIN

Cela s'apelle comme on veut l'apeller.

MONSIEUR JOURDAIN

C'est de la Prose, ignorante.

MADAME JOURDAIN

De la Prose ?

MONSIEUR JOURDAIN

Oüy, de la Prose. Tout ce qui est Prose n'est point
Vers, et tout ce qui n'est point Vers est Prose. Heu,
voilà ce que c'est que d'étudier. — Et toy, sçais-tu
bien comme il faut faire pour dire un U ?

NICOLE

Comment ?

XXVI.　　　　　　　　　　　　9

MONSIEUR JOURDAIN

Oüy. Qu'est-ce que tu fais quand tu dis un U ?

NICOLE

Quoy ?

MONSIEUR JOURDAIN

Dis un peu U, pour voir.

NICOLE

Hé bien, U.

MONSIEUR JOURDAIN

Qu'est-ce que tu fais ?

NICOLE

Je dy U.

MONSIEUR JOURDAIN

Oüy ; mais, quand tu dis U, qu'est-ce que tu fais ?

NICOLE

Je fais ce que vous me dites.

MONSIEUR JOURDAIN

O l'étrange chose que d'avoir affaire à des Bestes !
Tu allonges les lèvres en dehors, et aproches la mâ-
choire d'en haut de celle d'en bas : U. Vois-tu ? U.
Je fais la mouë : U.

NICOLE

Oüy, cela est biau.

MADAME JOURDAIN

Voilà qui est admirable !

MONSIEUR JOURDAIN

C'est bien autre chose, si vous aviez vu Ó, et DA, DA, et FA, FA !

MADAME JOURDAIN

Qu'est-ce que c'est donc que tout ce galimatias-là ?

NICOLE

De quoy est-ce que tcut cela guérit ?

MONSIEUR JOURDAIN

J'enrage, quand je voy des Femmes ignorantes.

MADAME JOURDAIN

Allez. Vous devriez envoyer promener tous ces Gens-là, avec leurs fariboles.

NICOLE

Et surtout ce grand escogrife de Maistre d'Armes, qui remplit de poudre tout mon ménage.

MONSIEUR JOURDAIN

Oüais, ce Maistre d'Armes vous tient fort au cœur. Je te veux faire voir ton impertinence tout à l'heure.

Il fait apœter les Fleurets, et en donne un à Nicole.

Tien. Raison démonstrative ; la ligne du corps. Quand on pousse en quarte, on n'a qu'à faire cela,

et, quand on pousse en tierce, on n'a qu'à faire cela.
Voilà le moyen de n'estre jamais tué ; et cela n'est-il
pas beau, d'estre assuré de son fait quand on se bat
contre quelqu'un ? Là, pousse-moy un peu, pour voir.

NICOLE

Hé bien, quoy ?

Nicole luy pousse plusieurs coups.

Monsieur JOURDAIN

Tout beau ! Holà ! Oh ! Doucement. Diantre soit
la Coquine !

NICOLE

Vous me dites de pousser.

Monsieur JOURDAIN

Oüy ; mais tu me pousses en tierce, avant que de
me pousser en quarte, et tu n'as pas la patience que
je pare.

Madame JOURDAIN

Vous estes fou, mon Mary, avec toutes vos fantaisies, et cela vous est venu depuis que vous vous
meslez de hanter la Noblesse.

Monsieur JOURDAIN

Lors que je hante la Noblesse, je fais paroistre mon
jugement, et cela est plus beau que de hanter vostre
Bourgeoisie.

Madame JOURDAIN

Ça mon vrayment! il y a fort à gagner à fréquenter
vos Nobles, et vous avez bien opéré avec ce beau
Monsieur le Comte, dont vous vous estes embéguiné!

Monsieur JOURDAIN

Paix. Songez à ce que vous dites. Sçavez-vous bien,
ma Femme, que vous ne sçavez pas de qui vous parlez,
quand vous parlez de luy? C'est une Personne d'importance plus que vous ne pensez, un Seigneur que
l'on considère à la Cour, et qui parle au Roy tout
comme je vous parle. N'est-ce pas une chose qui
m'est tout à fait honorable que l'on voye venir chez
moy si souvent une Personne de cette Qualité, qui
m'apelle son cher Amy, et me traite comme si j'estois
son égal? Il a pour moy des bontez qu'on ne devine-
roit jamais, et, devant tout le monde, il me fait des
caresses, dont je suis moy-mesme confus.

Madame JOURDAIN

Oüy; il a des bontez pour vous, et vous fait des
caresses, mais il vous emprunte vostre argent.

Monsieur JOURDAIN

Hé bien, ne m'est-ce pas de l'honneur, de prester
de l'argent à un Homme de cette Condition-là? et
puis-je faire moins pour un Seigneur qui m'apelle son
cher Amy?

Madame JOURDAIN

Et ce Seigneur, que fait-il pour vous ?

Monsieur JOURDAIN

Des choses dont on seroit étonné, si on les sçavoit.

Madame JOURDAIN

Et quoy ?

Monsieur JOURDAIN

Baste ! Je ne puis pas m'expliquer. Il suffit que, si je lui ay presté de l'argent, il me le rendra bien, et avant qu'il soit peu.

Madame JOURDAIN

Oüy. Attendez-vous à cela.

Monsieur JOURDAIN

Assurément. Ne me l'a-t-il pas dit ?

Madame JOURDAIN

Oüy, oüy, il ne manquera pas d'y faillir.

Monsieur JOURDAIN

Il m'a juré sa foy de Gentilhomme.

Madame JOURDAIN

Chansons !

Monsieur JOURDAIN

Oüais ! Vous estes bien obstinée, ma Femme ! Je vous dy qu'il me tiendra sa parole ; j'en suis seûr.

Madame JOURDAIN

Et moy, je suis seûre que non, et que toutes les
caresses qu'il vous fait ne sont que pour vous enjôler.

Monsieur JOURDAIN

Taisez-vous. Le voicy.

Madame JOURDAIN

Il ne nous faut plus que cela. Il vient peut-estre
encore vous faire quelque emprunt, et il me semble
que j'ay disné quand je le voy.

Monsieur JOURDAIN

Taisez-vous, vous dis-je !

SCÈNE IV

DORANTE, Monsieur JOURDAIN, Madame JOURDAIN
NICOLE

DORANTE

Mon cher Amy Monsieur Jourdain, comment vous
portez-vous ?

Monsieur JOURDAIN

Fort bien, Monsieur, pour vous rendre mes petits
services.

DORANTE

Et Madame Jourdain, que voilà, comment se porte-t-elle ?

MADAME JOURDAIN

Madame Jourdain se porte comme elle peut.

DORANTE

Comment, Monsieur Jourdain, vous voilà le plus propre du Monde !

MONSIEUR JOURDAIN

Vous voyez.

DORANTE

Vous avez tout à fait bon air avec cet Habit, et nous n'avons point de jeunes Gens à la Cour qui soient mieux faits que vous.

MONSIEUR JOURDAIN

Hay, hay.

MADAME JOURDAIN

— Il le grate par où il se démange. —

DORANTE

Tournez-vous. Cela est tout à fait galant.

MADAME JOURDAIN

— Oüy, aussi sot par derrière que par devant. —

DORANTE

Ma foy, Monsieur Jourdain, j'avois une impatience
étrange de vous voir. Vous estes l'Homme du Monde
que j'estime le plus, et je parlois de vous encore, ce
matin, dans la chambre du Roy.

MONSIEUR JOURDAIN

Vous me faites beaucoup d'honneur, Monsieur. —
A Madame Jourdain : Dans la Chambre du Roy !

DORANTE

Allons, mettez...

MONSIEUR JOURDAIN

Monsieur, je sçay le respect que je vous doy.

DORANTE

Mon Dieu! mettez. Point de cérémonie entre nous,
je vous prie.

MONSIEUR JOURDAIN

Monsieur...

DORANTE

Mettez, vous dis-je, Monsieur Jourdain. Vous estes
mon Amy...

MONSIEUR JOURDAIN

Monsieur, je suis vostre Serviteur.

DORANTE

Je ne me couvriray point, si vous ne vous couvrez.

XXVI.   10

Monsieur JOURDAIN

J'aime mieux estre incivil qu'importun.

DORANTE

Je suis vostre débiteur, comme vous le sçavez.

Madame JOURDAIN

— Oüy; nous ne le sçavons que trop. —

DORANTE

Vous m'avez généreusement presté de l'argent en
plusieurs occasions, et m'avez obligé de la meilleure
grâce du monde, assurément...

Monsieur JOURDAIN

Monsieur, vous vous moquez.

DORANTE

Mais je sçais rendre ce qu'on me preste, et recon-
noistre les plaisirs qu'on me fait.

Monsieur JOURDAIN

Je n'en doute point, Monsieur.

DORANTE

Je veux sortir d'affaire avec vous, et je viens icy
pour faire nos comptes ensemble.

Monsieur JOURDAIN

— Hé bien, vous voyez vostre impertinence, ma
femme. —

DORANTE

Je suis homme qui aime à m'acquiter le plutost
que je puis.

MONSIEUR JOURDAIN

— Je vous le disois bien. —

DORANTE

Voyons un peu ce que je vous doy.

MONSIEUR JOURDAIN

— Vous voilà, avec vos soupçons ridicules. —

DORANTE

Vous souvenez-vous bien de tout l'argent que vous
m'avez presté ?

MONSIEUR JOURDAIN

Je croy que oüy. J'en ay fait un petit Mémoire. Le
voicy. Donné à vous, une fois deux cents Loüis,

DORANTE

Cela est vray.

MONSIEUR JOURDAIN

Une autre fois, six vingts,

DORANTE

Oüy.

MONSIEUR JOURDAIN

Et une autre fois, cent quarante.

DORANTE

Vous avez raison.

MONSIEUR JOURDAIN

Ces trois articles font quatre cens soixante Loüis, qui valent cinq mille soixante livres.

DORANTE

Le compte est fort bon. Cinq mille soixante livres.

MONSIEUR JOURDAIN

Mille huit cens trente-deux livres à vostre Plumassier;

DORANTE

Justement.

MONSIEUR JOURDAIN

Deux mille sept cens quatre-vingts livres à vostre Tailleur;

DORANTE

Il est vray.

MONSIEUR JOURDAIN

Quatre mille trois cens septante-neuf livres, douze sols, huit deniers, à vostre Marchand;

DORANTE

Fort bien. Douze sols, huit deniers. Le compte est juste.

MONSIEUR JOURDAIN

Et mille sept cens quarante-huit livres, sept sols, quatre deniers, à vostre Sellier.

DORANTE

Tout cela est véritable. Qu'est-ce que cela fait ?

MONSIEUR JOURDAIN

Somme totale, quinze mille huit cens livres.

DORANTE

Somme totale et juste. Quinze mille huit cens livres. Mettez encore deux cens Pistoles que vous m'allez donner; cela fera justement dix-huit mille francs, que je vous payeray au premier jour.

MADAME JOURDAIN

— Hé bien! ne l'avois-je pas bien deviné?

MONSIEUR JOURDAIN

Paix. —

DORANTE

Cela vous incommodera-t-il de me donner ce que je vous dis?

MONSIEUR JOURDAIN

Eh non!

MADAME JOURDAIN

— Cet Homme-là fait de vous une Vache à lait.

MONSIEUR JOURDAIN

Taisez-vous. —

DORANTE

Si cela vous incommode, j'en iray chercher ailleurs.

Monsieur JOURDAIN

Non, Monsieur.

Madame JOURDAIN

— Il ne sera pas content qu'il ne vous ait ruiné.

Monsieur JOURDAIN

Taisez-vous, vous dis-je. —

DORANTE

Vous n'avez qu'à me dire si cela vous embarasse.

Monsieur JOURDAIN

Point, Monsieur.

Madame JOURDAIN

— C'est un vrai enjôleux.

Monsieur JOURDAIN

Taisez-vous donc.

Madame JOURDAIN

Il vous sucera jusqu'au dernier sou.

Monsieur JOURDAIN

Vous tairez-vous ? —

DORANTE

J'ay force Gens qui m'en presteroient avec joye;
mais, comme vous estes mon meilleur Amy, j'ay crû

que je vous ferois tort si j'en demandois à quelqu'autre.

MONSIEUR JOURDAIN

C'est trop d'honneur, Monsieur, que vous me faites.
Je vais quérir vostre affaire.

MADAME JOURDAIN

— Quoy, vous allez encor luy donner cela ?

MONSIEUR JOURDAIN

Que faire ? Voulez-vous que je refuse un Homme
de cette Condition-là, qui a parlé de moy ce matin
dans la Chambre du Roy ?

MADAME JOURDAIN

Allez, vous estes une vraye Dupe ! —

SCÈNE V

DORANTE, MADAME JOURDAIN, NICOLE

DORANTE

Vous me semblez toute mélancolique. Qu'avez-
vous, Madame Jourdain ?

MADAME JOURDAIN

J'ay la teste plus grosse que le poing, et si elle
n'est pas enflée.

DORANTE

Mademoiselle vostre Fille, où est-elle, que je ne la
voy point ?

Madame JOURDAIN

Mademoiselle ma Fille est bien où elle est.

DORANTE

Comment se porte-t-elle ?

Madame JOURDAIN

Elle se porte sur ses deux jambes.

DORANTE

Ne voulez-vous point, un de ces jours, venir voir
avec elle le Ballet et la Comédie que l'on fait chez le
Roy ?

Madame JOURDAIN

Oüy vraiment, nous avons fort envie de rire ; fort
envie de rire nous avons.

DORANTE

Je pense, Madame Jourdain, que vous avez eu bien
des Amans dans vostre jeune âge, belle et d'agréable
humeur comme vous estiez.

Madame JOURDAIN

Tredame, Monsieur, est-ce que Madame Jourdain
est décrépite, et la teste luy groüille-t-elle déjà ?

DORANTE

Ah! ma foy, Madame Jourdain, je vous demande pardon. Je ne songeois pas que vous estes jeune ; et je resve le plus souvent. Je vous prie d'excuser mon impertinence.

SCÈNE VI

Monsieur JOURDAIN, Madame JOURDAIN
DORANTE, NICOLE

Monsieur JOURDAIN

Voilà deux cens Loüis bien comptez.

DORANTE

Je vous assure, Monsieur Jourdain, que je suis tout à vous, et que je brûle de vous rendre un service à la Cour.

Monsieur JOURDAIN

Je vous suis trop obligé.

DORANTE

Si Madame Jourdain veut voir le Divertissement Royal, je luy feray donner les meilleures places de la Salle.

Madame JOURDAIN

Madame Jourdain vous baise les mains.

XXVI.   11

DORANTE, *bas, à Monsieur Jourdain.*

Nostre belle Marquise, comme je vous ay mandé par mon Billet, viendra tantost icy pour le Ballet et le Repas, et je l'ay fait consentir enfin au Cadeau que vous luy voulez donner.

MONSIEUR JOURDAIN

Tirons-nous un peu plus loin, pour cause.

DORANTE

Il y a huit jours que je ne vous ay veu, et je ne vous ay point mandé de nouvelles du Diamant que vous me mistes entre les mains pour luy en faire présent de vostre part; mais c'est que j'ay eu toutes les peines du monde à vaincre son scrupule, et ce n'est que d'aujourd'huy qu'elle s'est résoluë à l'accepter.

MONSIEUR JOURDAIN

Comment l'a-t-elle trouvé ?

DORANTE

Merveilleux; et je me trompe fort, ou la beauté de ce Diamant fera pour vous sur son esprit un effet admirable.

MONSIEUR JOURDAIN

Plût au Ciel !

MADAME JOURDAIN

— Quand il est une fois avec luy, il ne peut le quitter. —

DORANTE

Je luy ay fait valoir, comme il faut, la richesse de
ce présent et la grandeur de vostre amour.

Monsieur JOURDAIN

Ce sont, Monsieur, des bontez qui m'accablent, et
je suis dans une confusion la plus grande du monde,
de voir une Personne de vostre Qualité s'abaisser pour
moy à ce que vous faites.

DORANTE

Vous moquez-vous ? Est-ce qu'entre amis on s'ar-
reste à ces sortes de scrupules ? Et ne feriez-vous pas
la mesme chose, si l'occasion s'en offroit ?

Monsieur JOURDAIN

Ho ! assurément, et de très grand cœur.

Madame JOURDAIN

— Que sa présence me pèse sur les épaules ! —

DORANTE

Pour moy, je ne regarde rien quand il faut servir
un Amy, et, lors que vous me fistes confidence de
l'ardeur que vous aviez prise pour cette Marquise
agréable, chez qui j'avois commerce, vous vistes que
d'abord je m'offris de moy-mesme à servir vostre
amour.

Monsieur JOURDAIN

Il est vray ; ce sont des bontez qui me confondent.

Madame JOURDAIN

— Est-ce qu'il ne s'en ira point ?

NICOLE

Ils se trouvent bien ensemble. —

DORANTE

Vous avez pris le bon biais pour toucher son cœur.
Les Femmes aiment sur tout les dépenses qu'on fait
pour elles ; et vos fréquentes Sérénades, et vos Bou-
quets continuels, ce superbe Feu d'artifice qu'elle
trouva sur l'eau, le Diamant qu'elle a reçeu de vostre
part, et le Cadeau que vous luy préparez, tout cela
luy parle bien mieux en faveur de vostre amour que
toutes les paroles que vous auriez pu luy dire vous-
mesme.

Monsieur JOURDAIN

Il n'y a point de dépenses que je ne fisse, si par là
je pouvois trouver le chemin de son cœur. Une Femme
de Qualité a pour moy des charmes ravissans, et c'est
un honneur que j'achèterois au prix de toute chose.

Madame JOURDAIN

— Que peuvent-ils tant dire ensemble ? Va-t'en un
peu tout doucement prester l'oreille. —

DORANTE

Ce sera tantost que vous joüirez à vostre aise du plaisir de sa veuë, et vos yeux auront tout le temps de se satisfaire.

Monsieur JOURDAIN

Pour estre en pleine liberté, j'ay fait en sorte que ma Femme ira disner chez sa Sœur, où elle passera toute l'après-disnée.

DORANTE

Vous avez fait prudemment, et vostre Femme auroit pu nous embarasser. J'ay donné pour vous l'ordre qu'il faut au Cuisinier, et à toutes les choses qui sont nécessaires pour le Ballet. Il est de mon invention, et, pourveu que l'exécution puisse répondre à l'idée, je suis seûr qu'il sera trouvé...

Monsieur JOURDAIN *s'aperçoit que Nicole écoute, et luy donne un soufflet.*

Oüais, vous estes bien impertinente ! — Sortons, s'il vous plaist.

SCÈNE VII

Madame JOURDAIN, NICOLE

NICOLE

Ma foy, Madame, la curiosité m'a cousté quelque

chose ; mais je croy qu'il y a quelque anguille sous roche, et ils parlent de quelque affaire où ils ne veulent pas que vous soyez.

Madame JOURDAIN

Ce n'est pas d'aujourd'huy, Nicole, que j'ay conçeu des soupçons de mon Mary. Je suis la plus trompée du monde, ou il y a quelque amour en campagne, et je travaille à découvrir ce que ce peut estre. Mais songeons à ma Fille. Tu sçais l'amour que Cléonte a pour elle. C'est un homme qui me revient, et je veux aider sa recherche et luy donner Lucile, si je puis.

NICOLE

En vérité, madame, je suis la plus ravie du monde de vous voir dans ces sentimens ; car, si le Maistre vous revient, le Valet ne me revient pas moins, et je souhaiterois que nostre mariage se pût faire à l'ombre du leur.

Madame JOURDAIN

Va-t'en luy en parler de ma part, et luy dire que tout à l'heure il me vienne trouver, pour faire ensemble à mon Mary la demande de ma Fille.

NICOLE

J'y cours, Madame, avec joye, et je ne pouvois recevoir une commission plus agréable. — Je vay, je pense, bien réjoüir les Gens.

SCÈNE VIII

CLÉONTE, COVIELLE, NICOLE

NICOLE

Ah, vous voilà tout à propos! Je suis une Ambassadrice de joye, et je viens...

CLÉONTE

Retire-toy, perfide, et ne me viens point amuser avec tes traistresses paroles.

NICOLE

Est-ce ainsi que vous recevez...

CLÉONTE

Retire-toy, te dis-je, et va-t'en dire, de ce pas, à ton infidelle Maistresse qu'elle n'abusera de sa vie le trop simple Cléonte.

NICOLE

Quel vertigo est-ce donc là ? Mon pauvre Covielle, dy-moy un peu ce que cela veut dire.

COVIELLE

Ton pauvre Covielle, petite scélérate! Allons viste, oste-toy de mes yeux, vilaine, et me laisse en repos.

NICOLE

Quoy, tu me viens aussi...

COVIELLE

Oste-toy de mes yeux, te dis-je, et ne me parle de
ta vie.

NICOLE

— Oüais ! Quelle mouche les a piquez tous deux ?
Allons de cette belle histoire informer ma Maistresse.

SCÈNE IX

CLÉONTE, COVIELLE

CLÉONTE

Quoy, traitter un Amant de la sorte, et un Amant
le plus fidelle et le plus passionné de tous les Amans!

COVIELLE

C'est une chose épouvantable que ce qu'on nous
fait à tous deux.

CLÉONTE

Je fais voir pour une Personne toute l'ardeur et
toute la tendresse qu'on peut imaginer. Je n'aime rien
au Monde qu'elle, et je n'ay qu'elle dans l'esprit. Elle
fait tous mes soins, tous mes desirs, toute ma joye;

je ne parle que d'elle, je ne pense qu'à elle, je ne fais
des songes que d'elle, je ne respire que par elle, mon
cœur vit tout en elle, et voilà de tant d'amitié la
digne récompense! Je suis deux jours sans la voir,
qui sont pour moy deux siècles effroyables; je la rencontre par hasard; mon cœur, à cette veuë, se sent
tout transporté, ma joye éclate sur mon visage; je vole
avec ravissement vers elle, et l'infidelle détourne de
moy ses regards, et passe brusquement, comme si de
sa vie elle ne m'avoit veu!

COVIELLE

Je dis les mêmes choses que vous.

CLÉONTE

Peut-on rien voir d'égal, Covielle, à cette perfidie
de l'ingrate Lucile?

COVIELLE

Et à celle, Monsieur de la pendarde de Nicole?

CLÉONTE

Après tant de sacrifices ardans, de soûpirs et de
vœux que j'ay faits à ses charmes!

COVIELLE

Après tant d'assidus hommages, de soins et de services que je luy ay rendus dans sa Cuisine!
     XXVI.   12

CLÉONTE

Tant de larmes que j'ay versées à ses genoux !

COVIELLE

Tant de seaux d'eau que j'ay tirés au Puits pour elle !

CLÉONTE

Tant d'ardeur que j'ay fait paroistre à la chérir plus que moy-mesme !

COVIELLE

Tant de chaleur que j'ay soufferte à tourner la Broche à sa place !

CLÉONTE

Elle me fuit avec mépris !

COVIELLE

Elle me tourne le dos avec effronterie !

CLÉONTE

C'est une perfidie digne des plus grands chastimens.

COVIELLE

C'est une trahison à mériter mille souflets.

CLÉONTE

Ne t'avise point, je te prie, de me parler jamais pour elle.

COVIELLE

Moy, Monsieur ! Dieu m'en garde !

CLÉONTE

Ne vien point m'excuser l'action de cette infidelle.

COVIELLE

N'ayez pas peur.

CLÉONTE

Non, vois-tu, tous tes discours pour la défendre ne serviront de rien.

COVIELLE

Qui songe à cela ?

CLÉONTE

Je veux contr'elle conserver mon ressentiment, et rompre ensemble tout commerce.

COVIELLE

J'y consens.

CLÉONTE

Ce Monsieur le Comte, qui va chez elle, luy donne peut-estre dans la veuë ; et son esprit, je le voy bien, se laisse ébloüir à la Qualité. Mais il me faut, pour mon honneur, prévenir l'éclat de son inconstance. Je veux faire autant de pas qu'elle au changement où je la voy courir, et ne luy laisser pas toute la gloire de me quitter.

COVIELLE

C'est fort bien dit, et j'entre pour mon compte dans tous vos sentimens.

CLÉONTE

Donne la main à mon dépit, et soutien ma résolution contre tous les restes d'amour qui me pourroient parler pour elle. Dy-m'en, je t'en conjure, tout le mal que tu pourras. Fais-moy de sa Personne une peinture qui me la rende méprisable, et marque-moy bien, pour m'en dégouster, tous les défauts que tu peux voir en elle.

COVIELLE

Elle, Monsieur ? Voilà une belle Mijaurée, une Pimpe-soüée bien bastie pour vous donner tant d'amour ! Je ne luy voy rien que de très médiocre, et vous trouverez cent Personnes qui seront plus dignes de vous. Premièrement, elle a les yeux petits.

CLÉONTE

Cela est vray ; elle a les yeux petits, mais elle les a pleins de feux, les plus brillans, les plus perçans du Monde, les plus touchans qu'on puisse voir.

COVIELLE

Elle a la bouche grande.

CLÉONTE

Oüy ; mais on y voit des grâces qu'on ne voit point aux autres bouches, et cette bouche, en la voyant, inspire des desirs, est la plus attrayante, la'plus amoureuse du Monde.

COVIELLE

Pour sa taille, elle n'est pas grande.

CLÉONTE

Non ; mais elle est aisée, et bien prise.

COVIELLE

Elle affecte une nonchalance dans son parler et dans ses actions...

CLÉONTE

Il est vray ; mais elle a grâce à tout cela, et ses manières sont engageantes, ont je ne sçay quel charme à s'insinuer dans les cœurs.

COVIELLE

Pour de l'esprit...

CLÉONTE

Ah, elle en a, Covielle, du plus fin, du plus délicat.

COVIELLE

Sa conversation...

CLÉONTE

Sa conversation est charmante.

COVIELLE

Elle est toûjours sérieuse.

CLÉONTE

Veux-tu de ces enjoûmens épanoüis, de ces joyes toûjours ouvertes ? Et vois-tu rien de plus impertinent que des Femmes qui rient à tout propos ?

COVIELLE

Mais, enfin, elle est capricieuse autant que Personne du Monde.

CLÉONTE

Oüy, elle est capricieuse, j'en demeure d'accord ; mais tout sied bien aux Belles, on souffre tout des Belles.

COVIELLE

Puisque cela va comme cela, je voy bien que vous avez envie de l'aimer toûjours.

CLÉONTE

Moy ? J'aimerois mieux mourir, et je vay la haïr autant que je l'ay aimée.

COVIELLE

Le moyen, si vous la trouvez si parfaite ?

CLÉONTE

C'est en quoy ma vengeance sera plus éclatante, en quoy je veux faire mieux voir la force de mon cœur à la haïr, à la quitter, toute belle, toute pleine d'attraits, toute aimable que je la trouve. — La voicy.

SCÈNE X

CLÉONTE, LUCILE, COVIELLE, NICOLE

NICOLE

— Pour moy, j'en ay esté toute scandalisée.

LUCILE

Ce ne peut estre, Nicole, que ce que je te dis. Mais le voilà.

CLÉONTE

— Je ne veux pas seulement luy parler.

COVIELLE

Je veux vous imiter.

LUCILE

— Qu'est-ce donc, Cléonte ? Qu'avez-vous ?

NICOLE

Qu'as-tu donc, Covielle ?

LUCILE

Quel chagrin vous possède ?

NICOLE

Quelle mauvaise humeur te tient ?

LUCILE

Estes-vous muet, Cléonte ?

NICOLE

As-tu perdu la parole, Covielle ?

CLÉONTE

Que voilà qui est scélérat !

COVIELLE

Que cela est Judas !

LUCILE

Je voy bien que la rencontre de tantost a troublé
vostre esprit.

CLÉONTE

Ah ! ah ! On voit ce qu'on a fait.

NICOLE

Nostre accueil de ce matin t'a fait prendre la chèvre.

COVIELLE

On a deviné l'encloüeure.

LUCILE

N'est-il pas vray, Cléonte, que c'est là le sujet de vostre dépit ?

CLÉONTE

Ouy, perfide, ce l'est, puisqu'il faut parler, et j'ay à vous dire que vous ne triompherez pas, comme vous pensez, de vostre infidélité ; que je veux estre le premier à rompre avecque vous, et que vous n'aurez pas l'avantage de me chasser. J'auray de la peine, sans doute, à vaincre l'amour que j'ay pour vous ; cela me causera des chagrins. Je souffriray un temps ; mais j'en viendray à bout, et je me perceray plutost le cœur que d'avoir la foiblesse de retourner à vous.

COVIELLE

Queussy, queumy.

LUCILE

Voilà bien du bruit pour un rien ! Je veux vous dire, Cléonte, le sujet qui m'a fait ce matin éviter vostre abord.

CLÉONTE

Non, je ne veux rien écouter.

NICOLE

Je te veux aprendre la cause qui nous a fait passer si viste.

XXVI.  13

COVIELLE

Je ne veux rien entendre.

LUCILE

Sçachez que, ce matin...

CLÉONTE

Non, vous dis-je.

NICOLE

Aprens que...

COVIELLE

Non, traistresse.

LUCILE

Écoutez.

CLÉONTE

Point d'affaire.

NICOLE

Laisse-moy dire.

COVIELLE

Je suis sourd.

LUCILE

Cléonte...

CLÉONTE

Non.

NICOLE

Covielle...

COVIELLE

Point.

LUCILE

Arrestez.

CLÉONTE

Chansons.

NICOLE

Entens-moy.

COVIELLE

Bagatelles.

LUCILE

Un moment.

CLÉONTE

Point du tout.

NICOLE

Un peu de patience.

COVIELLE

Tarare.

LUCILE

Deux paroles.

CLÉONTE

Non ; c'en est fait.

NICOLE

Un mot.

COVIELLE

Plus de commerce.

LUCILE

Hé bien, puis que vous ne voulez pas m'écouter, demeurez dans vostre pensée, et faites ce qu'il vous plaira.

NICOLE

Puis que tu fais comme cela, prens-le tout comme tu voudras.

CLÉONTE

Sçachons donc le sujet d'un si bel accueil.

LUCILE

Il ne me plaist plus de le dire.

COVIELLE

Aprens-nous un peu cette histoire

NICOLE

Je ne veux plus, moy, te l'aprendre.

CLÉONTE

Dites-moy...

LUCILE

Non; je ne veux rien dire.

COVIELLE

Conte-moy...

NICOLE

Non; je ne conte rien.

CLÉONTE

De grâce.

LUCILE

Non, vous dy-je.

COVIELLE

Par charité.

NICOLE

Point d'affaire.

CLÉONTE

Je vous en prie.

LUCILE

Laissez-moy.

COVIELLE

Je t'en conjure.

NICOLE

Oste-toy de là.

CLÉONTE

Lucile...

LUCILE

Non.

COVIELLE

Nicole...

NICOLE

Point.

CLÉONTE

Au nom des Dieux...

LUCILE

Je ne veux pas.

COVIELLE

Parle-moy.

NICOLE

Point du tout.

CLÉONTE

Éclaircissez mes doutes.

LUCILE

Non, je n'en feray rien.

COVIELLE

Guéris-moy l'esprit.

NICOLE

Non ; il ne me plaist pas.

CLÉONTE

Hé bien, puis que vous vous souciez si peu de
me tirer de peine, et de vous justifier du traittement
indigne que vous avez fait à ma flâme, vous me voyez,

ingrate, pour la dernière fois, et je vay, loin de vous, mourir de douleur et d'amour.

COVIELLE

Et moy, je vay suivre ses pas.

LUCILE

Cléonte...

NICOLE

Covielle...

CLÉONTE

Eh ?

COVIELLE

Plaist-il ?

LUCILE

Où allez-vous ?

CLÉONTE

Où je vous ay dit.

COVIELLE

Nous allons mourir.

LUCILE

Vous allez mourir, Cléonte ?

CLÉONTE

Oüy, cruelle, puis que vous le voulez.

LUCILE

Moy, je veux que vous mouriez ?

CLÉONTE

Oüy, vous le voulez.

LUCILE

Qui vous le dit ?

CLÉONTE

N'est-ce pas le vouloir que de ne vouloir pas éclair-
cir mes soupçons ?

LUCILE

Est-ce ma faute ? Et, si vous aviez voulu m'écouter,
ne vous aurois-je pas dit que l'avanture dont vous
vous plaignez a esté causée ce matin par la présence
d'une vieille Tante, qui veut à toute force que la seule
aproche d'un Homme des-honore une Fille, qui per-
pétuellement nous sermonne sur ce chapitre, et nous
figure tous les Hommes comme des Diables qu'il
faut fuir ?

NICOLE

Voilà le secret de l'affaire.

CLÉONTE

Ne me trompez-vous point, Lucile ?

COVIELLE

Ne m'en donnes-tu point à garder ?

LUCILE

Il n'est rien de plus vray.

NICOLE

C'est la chose comme elle est.

COVIELLE

Nous rendrons-nous à cela ?

CLÉONTE

Ah, Lucile, qu'avec un mot de vostre bouche vous sçavez apaiser de choses dans mon cœur, et que facilement on se laisse persuader aux Personnes qu'on aime.

COVIELLE

Qu'on est aisément amadoüé par ces diantres d'animaux-là.

SCÈNE XI

Madame JOURDAIN, CLÉONTE, LUCILE, COVIELLE, NICOLE

MADAME JOURDAIN

Je suis bien aise de vous voir, Cléonte, et vous

XXVI.　　　　　　　　　　　　14

voilà tout à propos. Mon Mary vient ; prenez viste
vostre temps pour luy demander Lucile en mariage.

CLÉONTE

Ah, Madame, que cette parole m'est douce, et
qu'elle flate mes desirs ! Pouvois-je recevoir un ordre
plus charmant, une faveur plus précieuse ?

SCÈNE XII

Monsieur JOURDAIN, Madame JOURDAIN, CLÉONTE
LUCILE, COVIELLE, NICOLE

CLÉONTE

Monsieur, je n'ay voulu prendre personne pour
vous faire une demande que je médite il y a longtemps. Elle me touche assez pour m'en charger moy-
mesme, et sans autre détour, je vous diray que l'honneur d'estre vostre Gendre est une faveur glorieuse
que je vous prie de m'accorder.

Monsieur JOURDAIN

Avant que de vous rendre réponse, Monsieur, je
vous prie de me dire si vous estes Gentilhomme.

CLÉONTE

Monsieur, la pluspart des Gens, sur cette question,

n'hésitent pas beaucoup. On tranche le mot aisément.
Ce nom ne fait aucun scrupule à prendre, et l'usage
aujourd'huy semble en authoriser le vol. Pour moy, je
vous l'avouë, j'ay les sentimens sur cette. matière un
peu plus délicats. Je trouve que toute imposture est
indigne d'un honneste Homme, et qu'il y a de la
lâcheté à déguiser ce que le Ciel nous a fait naistre,
à se parer aux yeux du Monde d'un Titre dérobé, à se
vouloir donner pour ce qu'on n'est pas. Je suis né de
Parens, sans doute, qu. ont tenu des Charges hono-
rables. Je me suis acquis, dans les Armes, l'honneur
de six ans de services, et je me trouve assez de bien
pour tenir dans le Monde un rang assez passable ;
mais, avec tout cela, je ne veux point me donner un
nom où d'autres en ma place croiroient pouvoir pré-
tendre, et je vous diray franchement que je ne suis
point Gentilhomme.

MONSIEUR JOURDAIN

Touchez là, Monsieur. Ma Fille n'est pas pour vous.

CLÉONTE

Comment ?

MONSIEUR JOURDAIN

Vous n'estes point Gentilhomme ; vous n'aurez pas
ma Fille.

MADAME JOURDAIN

Que voulez-vous donc dire avec vostre *Gentilhomme*?
Est-ce que nous sommes, nous autres, de la coste de
S. Loüis?

MONSIEUR JOURDAIN

Taisez-vous, ma Femme; je vous voy venir.

MADAME JOURDAIN

Descendons-nous pas tous deux que de bonne Bourgeoisie?

MONSIEUR JOURDAIN

Voilà pas le coup de langue?

MADAME JOURDAIN

Et vostre Père n'estoit-il pas Marchand aussi bien
que le mien?

MONSIEUR JOURDAIN

Peste soit de la Femme! Elle n'y a jamais manqué.
Si vostre Père a esté Marchand, tant pis pour luy;
mais, pour le mien, ce sont des mal-avisez qui disent
cela. Tout ce que j'ay à vous dire, moy, c'est que je
veux avoir un Gendre Gentilhomme.

MADAME JOURDAIN

Il faut à vostre Fille un Mary qui luy soit propre;
et il vaut mieux pour elle un honneste Homme, riche
et bien fait, qu'un Gentilhomme gueux et mal basty.

NICOLE

Cela est vray. Nous avons le Fils du Gentilhomme de nostre Village, qui est le plus grand Malitorne et le plus sot Dadais que j'aye jamais veu. ⸱

MONSIEUR JOURDAIN

Taisez-vous, impertinente! Vous vous fourrez toûjours dans la conversation. — J'ay du bien assez pour ma Fille; je n'ay besoin que d'honneur, et je la veux faire Marquise.

MADAME JOURDAIN

Marquise?

MONSIEUR JOURDAIN

Oüy, Marquise.

MADAME JOURDAIN

Hélas, Dieu m'en garde!

MONSIEUR JOURDAIN

C'est une chose que j'ay résoluë.

MADAME JOURDAIN

C'est une chose, moy, où je ne consentiray point. Les alliances avec plus grand que soy sont sujettes toûjours à de fâcheux inconvéniens. Je ne veux point qu'un Gendre puisse à ma Fille reprocher ses Parens, et qu'elle ait des Enfans qui ayent honte de m'apeler leur Grand'Maman. S'il falloit qu'elle me vînt visiter en équipage de Grand-Dame, et qu'elle manquât par mégarde à salüer quelqu'un du Quartier, on ne manqueroit pas aussitôt de dire cent sottises. « Voyez-« vous, » diroit-on, « cette Madame la Marquise qui « fait tant la glorieuse ? C'est la fille de Monsieur « Jourdain, qui estoit trop heureuse, étant petite, de « joüer à la Madame avec nous. Elle n'a pas toûjours « été si relevée que la voilà, et ses deux Grand-Pères « vendoient du Drap auprès de la Porte Saint-Inno-« cent. Ils ont amassé du bien à leurs Enfans, qu'ils « payent maintenant, peut-estre, bien cher en l'autre « Monde, et l'on ne devient guère si riches à estre « honnestes Gens. » Je ne veux point tous ces caquets, et je veux un Homme, en un mot, qui m'ait obligation de ma Fille, et à qui je puisse dire : « Mettez-« vous là, mon Gendre, et disnez avec moy. »

Monsieur JOURDAIN

Voilà bien les sentimens d'un petit Esprit, de vouloir demeurer toûjours dans la bassesse. Ne me répliquez pas davantage ; ma Fille sera Marquise, en dépit de tout le Monde, et, si vous me mettez en colère, je la feray Duchesse.

Madame JOURDAIN

— Cléonte, ne perdez point courage encore. — Suivez-moy, ma Fille, et venez dire résolument à vostre

Père que, si vous ne l'avez, vous ne voulez épouser personne.

SCÈNE XIII

CLÉONTE, COVIELLE

COVIELLE

Vous avez fait de belles affaires, avec vos beaux sentimens !

CLÉONTE

Que veux-tu ? J'ay un scrupule là-dessus, que l'exemple ne sçauroi: vaincre.

COVIELLE

Vous moquez-vous, de le prendre sérieusement avec un Homme comme cela ? Ne voyez-vous pas qu'il est fou ? et vous cous:oit-il quelque chose de vous accommoder à ses chimères ?

CLÉONTE

Tu as raison, mais je ne croyois pas qu'il fallust faire ses preuves de Noblesse pour estre Gendre de Monsieur Jourdain.

COVIELLE

Ah, ah, ah.

CLÉONTE

De quoy ris-tu ?

COVIELLE

D'une pensée qui me vient pour joüer nostre Homme, et vous faire obtenir ce que vous souhaitez.

CLÉONTE

Comment ?

COVIELLE

L'idée est tout à fait plaisante.

CLÉONTE

Quoy donc ?

COVIELLE

Il s'est fait depuis peu une certaine Mascarade, qui vient le mieux du monde icy, et que je prétens faire entrer dans une bourle que je veux faire à nostre Ridicule. Tout cela sent un peu sa Comédie ; mais, avec luy, on peut hazarder toute chose, il n'y faut point chercher tant de façons, et il est Homme à y joüer son rôle à merveille, à donner aisément dans toutes les fariboles qu'on s'avisera de luy dire. J'ay les Acteurs, j'ay les Habits tout prests ; laissez-moy faire seulement.

CLÉONTE

Mais aprens-moy...

CCVIELLE

Je vais vous instruire de tout. Retirons-nous ; le voilà qui revient.

SCÈNE XIV

Monsieur JOURDAIN, LAQUAIS

Monsieur JOURDAIN

Que Diable est-ce là ? Ils n'ont rien que les grands Seigneurs à me reprocher, et moy je ne vois rien de si beau que de hanter les grands Seigneurs ; il n'y a qu'honneur et que civilité avec eux, et je voudrois qu'il m'eust cousté deux doigts de la main, et estre né Comte, ou Marquis.

Le LAQUAIS

Monsieur, voicy Monsieur le Comte, et une Dame qu'il mène par la main.

Monsieur JOURDAIN

Hé, mon Dieu, j'ay quelques ordres à donner. Dy-leur que je vais venir icy tout à l'heure.

SCÈNE XV

DORIMÈNE, DORANTE, LAQUAIS

Le LAQUAIS

Monsieur dit comme cela qu'il va venir icy tout à l'heure.

DORANTE

Voilà qui est bien.

DORIMÈNE

Je ne sçay pas, Dorante; je fais encore icy une étrange démarche, de me laisser amener par vous dans une Maison où je ne connois personne.

DORANTE

Quel Lieu voulez-vous donc, Madame, que mon amour choisisse pour vous régaler, puis que, pour fuir l'éclat, vous ne voulez ny vostre Maison, ny la mienne ?

DORIMÈNE

Mais vous ne dites pas que je m'engage insensiblement chaque jour à recevoir de trop grands témoignages de vostre passion. J'ay beau me défendre des choses; vous fatiguez ma résistance, et vous avez une civile opiniâtreté qui me fait venir doucement à tout

ce qu'il vous plaist. Les Visites fréquentes ont com-
mencé, les Déclarations sont venuës en suite, qui,
après elles, ont traîné les Sérénades et les Cadeaux,
que les Présents ont suivy. Je me suis opposée à tout
cela ; mais vous ne vous rebutez point, et, pied à pied,
vous gagnez mes résolutions. Pour moy, je ne puis
plus répondre de rien, et je croy qu'à la fin vous me
ferez venir au Mariage, dont je me suis tant éloignée.

DORANTE

Ma foy, Madame, vous y devriez déjà estre. Vous
estes Veuve, et ne dépendez que de vous. Je suis
maistre de moy, et je vous aime plus que ma vie.
A quoy tient-il que dès aujourd'huy vous ne fassiez
tout mon bonheur ?

DORIMÈNE

Mon Dieu, Dorante, il faut, des deux parts, bien
des qualitez pour vivre heureusement ensemble, et les
deux plus raisonnables Personnes du Monde ont
souvent peine à composer une union dont ils soient
satisfaits.

DORANTE

Vous vous moquez, Madame, de vous y figurer tant
de difficultez, et l'expérience que vous avez faite ne
conclut rien pour tous les autres.

DORIMÈNE

Enfin j'en reviens toujours là. Les dépenses que je vous voy faire pour moy m'inquiètent par deux raisons ; l'une, qu'elles m'engagent plus que je ne voudrois, et l'autre, que je suis seûre, sans vous déplaire, que vous ne les faites point que vous ne vous incommodiez, et je ne veux point cela.

DORANTE

Ah, Madame, ce sont des bagatelles, et ce n'est pas par là...

DORIMÈNE

Je sçay ce que je dy, et, entre autres, le Diamant, que vous m'avez forcée à prendre, est d'un prix...

DORANTE

Eh, Madame, de grâce, ne faites point tant valoir une chose que mon amour trouve indigne de vous, et souffrez... Voicy le Maistre du Logis.

SCÈNE XVI

Monsieur JOURDAIN, DORIMÈNE, DORANTE,
LAQUAIS

Monsieur JOURDAIN, *après avoir fait deux Révérences, se trouvant trop près de Dorimène :*

Un peu plus loin, Madame.

DORIMÈNE

Comment ?

MONSIEUR JOURDAIN

Un pas, s'il vous plaist.

DORIMÈNE

Quoy donc ?

MONSIEUR JOURDAIN

Reculez un peu, pour la troisième.

DORANTE

Madame, Monsieur Jourdain sçait son monde.

MONSIEUR JOURDAIN

Madame, ce m'est une gloire bien grande, de me
voir assez fortuné, pour estre si heureux, que d'avoir
le bonheur, que vous ayez eu la bonté de m'accorder
la grâce, de me faire l'honneur, de m'honorer de la
faveur de votre présence, et, si j'avois aussi le mérite,
pour mériter un mérite comme le vostre, et que le
Ciel... envieux de mon bien... m'eust accordé...
l'avantage de me voir digne... des...

DORANTE

Monsieur Jourdain, en voilà assez. Madame n'aime
pas les grands complimens, et elle sçait que vous estes
Homme d'esprit. *Bas à Dorimène :* C'est un bon Bourgeois,

assez ridicule, comme vous voyez, dans toutes ses
manières.

DORIMÈNE

Il n'est pas malaisé de s'en apercevoir.

DORANTE

Madame, voilà le meilleur de mes Amis.

Monsieur JOURDAIN

C'est trop d'honneur que vous me faites.

DORANTE

Galant Homme tout à fait.

DORIMÈNE

J'ay beaucoup d'estime pour luy.

Monsieur JOURDAIN

Je n'ay rien fait encore, Madame, pour mériter cette
grâce.

DORANTE, *bas à Monsieur Jourdain :*

— Prenez bien garde, au moins, à ne luy point parler du Diamant que vous luy avez donné.

Monsieur JOURDAIN

Ne pourois-je pas seulement luy demander comment
elle le trouve ?

DORANTE

Comment ? Gardez-vous-en bien. Cela seroit vilain

à vous, et, pour agir en galant Homme, il faut que vous fassiez comme si ce n'estoit pas vous qui luy eussiez fait ce présent. — Monsieur Jourdain, Madame, dit qu'il est ravy de vous voir chez luy.

DORIMÈNE

Il m'honore beaucoup.

MONSIEUR JOURDAIN

— Que je vous suis obligé, Monsieur, de luy parler ainsi pour moy ?

DORANTE

J'ay eu une peine effroyable à la faire venir icy.

MONSIEUR JOURDAIN

Je ne sais quelles grâces vous en rendre. —

DORANTE

Il me dit, Madame, qu'il vous trouve la plus belle Personne du Monde.

DORIMÈNE

C'est bien de la grâce qu'il me fait.

MONSIEUR JOURDAIN

Madame, c'est vous qui faites les grâces, et...

DORANTE

Songeons à manger.

LAQUAÎS

Tout est prest, Monsieur

DORANTE

Allons donc nous mettre à table, et qu'on fasse
venir les Musiciens.

*Six Cuisiniers, qui ont préparé le Festin, dancent ensemble, et font le troisième Intermède ;
après quoy ils aportent une Table, couverte de plusieurs mets.*

MONSIEUR JOURDAIN
Un peu plus loin, Madame.

MONSIEUR JOURDAIN
Ah ne voilà de belles mains.

ACTE IV

SCÈNE PREMIÈRE

DORANTE, DORIMÈNE, Monsieur JOURDAIN
deux MUSICIENS, une MUSICIENNE, LAQUAIS

DORIMÈNE

OMMENT, Dorante, voilà un Repas tout à fait magnifique!

Monsieur JOURDAIN

Vous vous moquez, Madame, et je voudrois qu'il fût plus digne de vous estre offert.

Tous se mettent à table.

DORANTE

Monsieur Jourdain a raison, Madame, de parler de

la sorte, et il m'oblige de vous faire si bien les honneurs de chez luy. Je demeure d'accord avec luy que le Repas n'est pas digne de vous. Comme c'est moy qui l'ay ordonné, et que je n'ay pas sur cette matière les lumières de nos Amis, vous n'avez pas icy un Repas fort sçavant, et vous y trouverez des incongruitez de Bonne chère, et des barbarismes de Bon goust. Si Damis s'en estoit meslé, tout seroit dans les règles ; il y auroit partout de l'élégance et de l'érudition, et il ne manqueroit pas de vous exagérer luy-mesme toutes les pièces du Repas qu'il vous donneroit, et de vous faire tomber d'accord de sa haute capacité dans la science des bons morceaux, de vous parler d'un Pain de rive à biseau doré, relevé de crouste partout, croquant tendrement sous la dent ; d'un Vin à sève veloutée, armé d'un vert qui n'est point trop commandant ; d'un Carré de Mouton gourmandé de persil ; d'une Longe de Veau de Rivière, longue comme cela, blanche, délicate, et qui, sous les dents, est une vraye pâte d'amande ; de Perdrix relevées d'un fumet surprenant ; et, pour son Opéra, d'une Soupe à boüillon perlé, soûtenuë d'un jeune gros Dindon cantonné de Pigeonneaux, et couronnée d'Oignons blancs, mariez avec la Chicorée. Mais, pour moy, je vous avouë mon ignorance ; et, comme Monsieur Jourdain a fort bien dit, je voudrois que le Repas fût plus digne de vous estre offert.

DORIMÈNE

Je ne répons à ce compliment qu'en mangeant comme je fais.

Monsieur JOURDAIN

Ah, que voilà de belles mains !

DORIMÈNE

Les mains sont médiocres, Monsieur Jourdain ; mais vous voulez parler du Diamant, qui est fort beau.

Monsieur JOURDAIN

Moy, Madame ? Dieu me garde d'en vouloir parler ! Ce ne seroit pas agir en galant homme, et le Diamant est fort peu de chose.

DORIMÈNE

Vous estes bien dégousté.

Monsieur JOURDAIN

Vous avez trop de bonté...

DORANTE

Allons, qu'on donne du Vin à Monsieur Jourdain et à ces Messieurs, qui nous feront la grâce de nous chanter un Air à boire.

DORIMÈNE

C'est merveilleusement assaisonner la bonne chère

que d'y mesler la Musique, et je me vois icy admirablement régalée.

Monsieur JOURDAIN

Madame, ce n'est pas...

DORANTE

Monsieur Jourdain, prestons silence à ces Messieurs; ce qu'ils nous diront vaudra mieux que tout ce que nous pourrions dire.

Les Musiciens et la Musicienne prennent des Verres, chantent deux Chansons à boire et sont soûtenus de toute la Simphonie.

PREMIÈRE CHANSON A BOIRE

Un petit doigt, Philis, pour commencer le tour ;
Ah, qu'un Verre en vos mains a d'agréables charmes;
Vous, et le Vin, vous vous prestez des armes,
Et je sens pour tous deux redoubler mon amour ;
Entre luy, vous et moy, jurons, jurons, ma Belle,
Une ardeur éternelle.

Qu'en mouillant vostre bouche il en reçoit d'atraits,
Et que l'on voit par luy vostre bouche embellie;
Ah, l'un de l'autre ils me donnent envie,
Et de vous et de luy je m'enyvre à longs traits;
Entre luy, vous et moy, jurons, jurons, ma Belle,
Une ardeur éternelle.

SECONDE CHANSON A BOIRE

Buvons, chers Amis, buvons;
Le temps qui fuit nous y convie;
Profitons de la vie
Autant que nous pouvons.
Quand on a passé l'onde noire,
Adieu le bon Vin, nos amours.
Dépeschons-nous de boire;
On ne boit pas toûjours.

Laissons raisonner les Sots
Sur le vray bonheur de la vie;
Nostre Philosophie
Le met parmy les Pots.
Les biens, le sçavoir et la gloire
N'ostent point les soucis fascheux,
Et ce n'est qu'à bien boire
Que l'on peut estre heureux.

Sus, sus, du Vin partout; versez, Garçons, versez;
Versez, versez toûjours, tant qu'on vous dise : Assez. .

DORIMÈNE

Je ne croy pas qu'on puisse mieux chanter, et cela
est tout à fait beau.

MONSIEUR JOURDAIN

Je vois encore icy, Madame, quelque chose de plus beau.

DORIMÈNE

Oüais, Monsieur Jourdain est galant plus que je ne pensois.

DORANTE

Comment, Madame, pour qui prenez-vous Monsieur Jourdain ?

MONSIEUR JOURDAIN

Je voudrois bien qu'elle me prît pour ce que je dirois.

DORIMÈNE

Encore !

DORANTE

Vous ne le connoissez pas.

MONSIEUR JOURDAIN

Elle me connoistra quand il luy plaira.

DORIMÈNE

Oh, je le quitte.

DORANTE

Il est homme qui a toûjours la riposte en main. Mais vous ne voyez pas que Monsieur Jourdain, Madame, mange tous les morceaux que vous touchez.

DORIMÈNE

Monsieur Jourdain est un Homme qui me ravit.

MONSIEUR JOURDAIN

Si je pouvois ravir vostre cœur, je serois...

SCÈNE II

MADAME JOURDAIN, MONSIEUR JOURDAIN, DORIMÈNE,
DORANTE, MUSICIENS, MUSICIENNE, LAQUAIS

MADAME JOURDAIN

Ah, ah, je trouve icy bonne compagnie, et je voy
bien qu'on ne m'y attendoit pas. C'est donc pour cette
belle affaire-cy, Monsieur mon Mary, que vous avez
eu tant d'empressement à m'envoyer disner chez ma
Sœur ? Je viens de voir un Théâtre là-bas, et je vois
icy un Banquet à faire Nopces. Voilà comme vous
dépensez vostre bien, et c'est ainsi que vous festinez
les Dames en mon absence, et que vous leur donnez
la Musique et la Comédie, tandis que vous m'envoyez
promener.

DORANTE

Que voulez-vous dire, Madame Jourdain, et quelles
fantaisies sont les vostres de vous aller mettre en teste
que vostre Mary dépense son bien, et que c'est luy

qui donne ce Régale à Madame ? Aprenez que c'est
moy, je vous prie ; qu'il ne fait seulement que me
prester sa Maison, et que vous devriez un peu mieux
regarder aux choses que vous dites.

Monsieur JOURDAIN

Oüy, impertinente, c'est Monsieur le Comte qui
donne tout cecy à Madame, qui est une Personne de
Qualité. Il me fait l'honneur de prendre ma Maison,
et de vouloir que je sois avec luy.

Madame JOURDAIN

Ce sont des Chansons que cela ; je sçay ce que je
sçay.

DORANTE

Prenez, Madame Jourdain, prenez de meilleures
Lunettes.

Madame JOURDAIN

Je n'ay que faire de Lunettes, Monsieur, et je voy
assez clair. Il y a longtemps que je sens les choses, et
je ne suis pas une Beste. Cela est fort vilain à vous,
pour un grand Seigneur, de prester la main, comme
vous faites, aux sottises de mon Mary. Et vous,
Madame, pour une Grand'Dame, cela n'est ny beau, ny
honneste à vous, de mettre de la dissention dans un
Ménage, et de souffrir que mon Mary soit amoureux
de vous.

DORIMÈNE

Que veut donc dire tout cecy ? Allez, Dorante, vous vous moquez, de m'exposer aux sottes visions de cette extravagante.

DORANTE

Madame, holà Madame, où courez-vous ?

MONSIEUR JOURDAIN

Madame... — Monsieur le Comte, faites-luy mes excuses, et tâchez de la ramener. — Ah, impertinente que vous estes, voilà de vos beaux faits ; vous me venez faire des affronts devant tout le monde, et vous chassez de chez moy des Personnes de Qualité !

MADAME JOURDAIN

Je me moque de leur Qualité.

MONSIEUR JOURDAIN

Je ne sçay qui me tient, maudite, que je ne vous fende la teste avec les pièces du Repas que vous estes venuë troubler.

On oste la Table.

MADAME JOURDAIN, *sortant.*

Je me moque de cela. Ce sont mes droicts que je défens, et j'auray pour moy toutes les Femmes.

MONSIEUR JOURDAIN

Vous faites bien d'éviter ma colère. — Elle est arri-

XXVI.   17

vée là bien malheureusement. J'estois en humeur de
dire de jolies choses, et jamais je ne m'estois senti tant
d'esprit. — Qu'est-ce que c'est que cela ?

SCÈNE III

COVIELLE *déguisé*, Monsieur JOURDAIN, LAQUAIS

COVIELLE

Monsieur, je ne sçay pas si j'ay l'honneur d'estre
connu de vous.

Monsieur JOURDAIN

Non, Monsieur.

COVIELLE

Je vous ay .veu que vous n'estiez pas plus grand que
cela.

Monsieur JOURDAIN

Moy !

COVIELLE

Oüy ; vous estiez le plus bel Enfant du Monde, et
toutes les Dames vous prenoient dans leurs bras pour
vous baiser.

Monsieur JOURDAIN

Pour me baiser !

COVIELLE

Oüy. J'estois grand Amy de feu Monsieur vostre Père.

MONSIEUR JOURDAIN

De feu Monsieur mon Père!

COVIELLE

Oüy. C'estoit un fort honneste Gentilhomme.

MONSIEUR JOURDAIN

Comment dites-vous ?

COVIELLE

Je dis que c'estoit un fort honneste Gentilhomme.

MONSIEUR JOURDAIN

Mon Père!

COVIELLE

Oüy.

MONSIEUR JOURDAIN

Vous l'avez fort connu ?

COVIELLE

Assurément.

MONSIEUR JOURDAIN

Et vous l'avez connu pour Gentilhomme ?

COVIELLE

Sans doute.

Monsieur JOURDAIN

Je ne sçay donc pas comment le Monde est fait ?

COVIELLE

Comment ?

Monsieur JOURDAIN

Il y a de sottes Gens qui me veulent dire qu'il a
esté Marchand.

COVIELLE

Luy Marchand ! C'est pure médisance ; il ne l'a
jamais esté. Tout ce qu'il faisoit, c'est qu'il estoit fort
obligeant, fort officieux ; et, comme il se connoissoit
fort bien en étoffes, il en alloit choisir de tous les
costez, les faisoit aporter chez luy, et en donnoit à
ses Amys pour de l'argent.

Monsieur JOURDAIN

Je suis ravi de vous connoistre, afin que vous rendiez
ce témoignage-là que mon Père estoit Gentilhomme.

COVIELLE

Je le soutiendray devant tout le Monde.

Monsieur JOURDAIN

Vous m'obligerez. — Quel sujet vous ameine ?

COVIELLE

Depuis avoir connu feu Monsieur vostre Père, hon-

neste Gentilhomme, comme je vous ay dit, j'ay voyagé
par tout le Monde.

MONSIEUR JOURDAIN

Par tout le Monde ?

COVIELLE

Oüy.

MONSIEUR JOURDAIN

Je pense qu'il y a bien loin en ce Païs-là.

COVIELLE

Assurément. Je ne suis revenu de tous mes longs
Voyages que depuis quatre jours ; et, par l'intérest que
je prens à tout ce qui vous touche, je viens vous
annoncer la meilleure nouvelle du Monde.

MONSIEUR JOURDAIN

Quelle ?

COVIELLE

Vous sçavez que le Fils du Grand Turc est icy?

MONSIEUR JOURDAIN

Moy ? Non.

COVIELLE

Comment ! Il a un train tout à fait magnifique ; tout
le Monde le va voir, et il a esté reçeu en ce Païs
comme un Seigneur d'importance.

MONSIEUR JOURDAIN

Par ma foy, je ne sçavois pas cela.

COVIELLE

Ce qu'il y a d'avantageux pour vous, c'est qu'il est amoureux de vostre Fille.

MONSIEUR JOURDAIN

Le Fils du Grand Turc ?

COVIELLE

Oüy; et il veut estre vostre Gendre.

MONSIEUR JOURDAIN

Mon Gendre, le Fils du Grand Turc !

COVIELLE

Le Fils du Grand Turc vostre Gendre. Comme je le fus voir, et que j'entens parfaitement sa langue, il s'entretint avec moy, et, après quelques autres discours, il me dit : « *Acciam croc soler ouch alla mous-* « *taph gidelum amanahem varahini oussere carbulath* », c'est-à-dire : « N'as-tu point veu une jeune Personne, qui « est la Fille de Monsieur Jourdain, Gentilhomme « Parisien ?

MONSIEUR JOURDAIN

Le Fils du Grand Turc dit cela de moy ?

COVIELLE

Oüy. Comme je luy eus répondu que je vous con-
noissois particulièrement, et que j'avois veu vostre
Fille : « Ah, » me dit-il, « *Marababa sahem* ʾ ; c'est-à-
dire : « Ah, que je suis amoureux d'elle! »

MONSIEUR JOURDAIN

Marababa sahem veut dire : « Ah, que je suis amou-
« reux d'elle » ?

COVIELLE

Oüy.

MONSIEUR JOURDAIN

Par ma foy, vous faites bien de me le dire; car,
pour moy, je n'aurois jamais cru que *Marababa sahem*
eust voulu dire : « Ah! que je suis amoureux d'elle! »
Voilà une langue admirable que ce Turc!

COVIELLE

Plus admirable qu'on ne peut croire. Sçavez-vous
bien ce que veut dire *Cacaracamouchen*?

MONSIEUR JOURDAIN

Cacaracamouchen? Non.

COVIELLE

C'est à dire : « Ma chère âme. »

MONSIEUR JOURDAIN

Cacaracamouchen veut dire *Ma chère âme?*

COVIELLE

Oüy.

MONSIEUR JOURDAIN

Voilà qui est merveilleux! *Cacaracamouchen,* Ma
chère âme. Diroit-on jamais cela? Voilà qui me con-
fond.

COVIELLE

Enfin, pour achever mon Ambassade, il vient vous
demander vostre Fille en mariage; et, pour avoir un
Beau-Père qui soit digne de luy, il veut vous faire
Mamamouchi, qui est une certaine grande Dignité de
son Païs.

MONSIEUR JOURDAIN

Mamamouchi?

COVIELLE

Oüy, *Mamamouchi;* c'est à dire, en nostre langue,
Paladin. Paladin, ce sont de ces anciens... Paladin,
enfin. Il n'y a rien de plus noble que cela dans le
Monde, et vous irez de pair avec les plus grands Seigneurs de la Terre.

MONSIEUR JOURDAIN

Le Fils du Grand Turc m'honore beaucoup, et je

vous prie de me mener chez luy pour luy faire mes remercîmens.

CORNER:COVIELLE

Comment! Le voilà qui va venir icy.

MONSIEUR JOURDAIN

Il va venir icy ?

COVIELLE

Oüy; et il amène toutes choses pour la cérémonie de vostre Dignité.

MONSIEUR JOURDAIN

Voilà qui est bien prompt.

COVIELLE

Son amour ne peut souffrir aucun retardement.

MONSIEUR JOURDAIN

Tout ce qui m'embarasse icy, c'est que ma Fille est une opiniâtre qui s'est allé mettre dans la teste un certain Cléonte, et elle jure de n'épouser personne que celuy-là.

COVIELLE

Elle changera de sentiment quand elle verra le Fils du Grand Turc; et puis il se rencontre icy une avanture merveilleuse, c'est que le Fils du Grand Turc ressemble à ce Cléonte, à peu de chose près. Je viens

XXVI.   18

de le voir, on me l'a montré; et l'amour qu'elle a pour l'un pourra passer aisément à l'autre, et... Je l'entens venir; le voilà.

SCÈNE IV

CLÉONTE, *en Turc, avec trois Pages portans sa veste;* Monsieur JOURDAIN, COVIELLE, *déguisé.*

CLÉONTE

Ambousahim oqui boraf, Jordina, salamalequi.

COVIELLE

C'est-à-dire : « Monsieur Jourdain, vostre cœur « soit toute l'année comme un Rosier fleury. » Ce sont façons de parler obligeantes de ces Païs-là.

Monsieur JOURDAIN

Je suis très humble serviteur de Son Altesse Turque.

COVIELLE

Carigar camboto oustin moraf.

CLÉONTE

Oustin yoc catamalequi basum base alla moran.

COVIELLE

Il dit : « Que le Ciel vous donne la force des « Lyons et la prudence des Serpens. »

MONSIEUR JOURDAIN

Son Altesse Turque m'honore trop, et je luy souhaite toutes sortes de prospéritez.

COVIELLE

Ossa binamen sadoc babaily oracaf ouram.

CLÉONTE

Bel-men.

COVIELLE

Il dit que vous alliez viste avec luy vous préparer pour la Cérémonie, afin de voir ensuite vostre Fille, et de conclure le mariage.

MONSIEUR JOURDAIN

Tant de choses en deux mots ?

COVIELLE

Oüy. La Langue Turque est comme cela ; elle dit beaucoup en peu de paroles. Allez viste où il souhaite.

SCÈNE V

DORANTE, COVIELLE

COVIELLE

Ha, ha, ha ! Ma foy, cela est tout à fait drôle. Quelle dupe ! Quand il auroit apris son rôle par cœur,

il ne pouroit pas le mieux jouer. Ah! Ah! — Je vous
prie, Monsieur, de nous vouloir aider céans dans une
affaire qui s'y passe.

DORANTE

Ah, ah, Covielle, qui t'auroit reconnu ? Comme te
voilà ajusté !

COVIELLE

Vous voyez. Ah, ah !

DORANTE

De quoy ris-tu ?

COVIELLE

D'une chose, Monsieur, qui le mérite bien.

DORANTE

Comment ?

COVIELLE

Je vous le donnerois en bien des fois, Monsieur, à
deviner le stratagème dont nous nous servons auprès
de Monsieur Jourdain pour porter son esprit à donner sa Fille à mon Maistre.

DORANTE

Je ne devine point le stratagème; mais je devine
qu'il ne manquera pas de faire son effet, puis que tu
l'entreprens.

COVIELLE

Je sçay, Monsieur que la Beste vous est connuë.

DORANTE

Aprens-moy ce que c'est.

COVIELLE

Prenez la peine de vous tirer un peu plus loin, pour faire place à ce que j'aperçoy venir. Vous pourez voir une partie de l'histoire, tandis que je vous conteray le reste.

La Cérémonie Turque pour ennoblir le Bourgeois se fait en Dance et en Musique, et compose le quatrième Intermède.

Le Mufti, quatre Dervis, six Turcs dançans, six Turcs Musiciens, et autres joüeurs d'Instrumens à la Turque sont les Acteurs de cette Cérémonie.

Le Mufti invoque Mahomet avec les douze Turcs et les quatre Dervis ; après quoy on luy amène le Bourgeois vestu à la Turque, sans Turban et sans Sabre, auquel il chante ces paroles :

LE MUFTI

Se ti sabir,
Ti respondir ;
Se non sabir,
Tazir, tazir.

Mi star Muphti ;
Ti, qui star ti ;
Non intendir ;
Tazir, tazir.

Le Mufti demande en mesme langue aux Turcs assistans, de quelle Religion est le Bourgeois, et ils l'assurent qu'il est Mahométan. Le Mufti invoque Mahomet en langue Franque, et chante les paroles qui suivent :

LE MUFTI

Mahameta, per Giourdina,
Mi pregar sera é mattina;
Voler far un Paladina
Dé Giourdina, dé Giourdina.

Dar Turbanta é dar scarcina,
Con Galera é Brigantina,
Per deffender Palestina.
Mahameta, etc.

Le Mufti demande aux Turcs si le Bourgeois est ferme dans la Religion Mahométane, et leur chante ces paroles :

Star bon Turca, Giourdina?

LES TURCS
Hi Valla.

LE MUFTI, dance et chante ces mots :
Hu la ba, ba la chou, ba la ba, ba la da.

Les Turcs répondent les mesmes vers.

LE MUFTI, propose de donner le Turban au Bourgeois,
et chante les paroles qui suivent :

Ti non star Furba?

LES TURCS

No, no, no.

LE MUFTI

Non star Furfanta?

LES TURCS

No, no, no.

LE MUFTI, *aux Turcs.*

Donar Turbanta,
Donar Turbanta.

Les Turcs répètent tout ce qu'a dit le Mufti pour donner le Turban au Bourgeois. Le Mufti et les Dervis se coëffent avec des Turbans de cérémonie, et l'on présente au Mufti l'Alcoran, qui fait une seconde Invocation avec tout le reste des Turcs assistans. Après son invocation, il donne au Bourgeois l'Épée et chante ces paroles :

LE MUFTI

Ti star nobile, è non star fabbola;
Pigliar schiabbola.

Les Turcs répètent les mesmes vers, mettant tous le sabre à la main, et six d'entr'eux dancent autour du Bourgeois, auquel ils feignent de donner plusieurs coups de sabre.

Le Mufti commande aux Turcs de bastonner le Bourgeois, et chante les paroles qui suivent :

LE MUFTI

Dara, dara
Bastonnara,
Bastonnara.

Les Turcs répètent les mesmes vers et luy donnent plusieurs coups
de Baston en cadance.

Le Mufti, après l'avoir fait bastonner, luy dit en chantant :

LE MUFTI

Non tener honta ;
Questa star l'ultima affronta.

Les Turcs répètent les mesmes vers.

Le Mufti recommence une Invocation, et se retire, après la Cérémonie, avec tous les Turcs, en dançant et chantant avec plusieurs Instrumens à la Turquesque.

LE MUFTI
Donar Turbanta

MADAME JOURDAIN
Hélas, miséricorde, mon Mary est devenu fou.

ACTE V

SCÈNE PREMIÈRE

Madame JOURDAIN, Monsieur JOURDAIN

Madame JOURDAIN

A H, mon Dieu, miséricorde! Qu'est-ce que c'est donc que cela? Quelle figure! Est-ce un Momon que vous allez porter, et est-il temps d'aller en Masque? Parlez donc. Qu'est-ce que c'est que cecy? Qui vous a fagoté comme cela?

MONSIEUR JOURDAIN
Je vous souhaite tout l'année votre Reine Mary.

Monsieur JOURDAIN

Voyez l'impertinente, de parler de la sorte à un *Mamamouchi!*

MADAME JOURDAIN

Comment donc ?

MONSIEUR JOURDAIN

Oüy. Il me faut porter du respect maintenant, et l'on vient de me faire *Mamamouchi.*

MADAME JOURDAIN

Que voulez-vous dire avec vostre *Mamamouchi* ?

MONSIEUR JOURDAIN

Mamamouchi, vous dy-je. Je suis *Mamamouchi.*

MADAME JOURDAIN

Quelle Beste est-ce là ?

MONSIEUR JOURDAIN

Mamamouchi, c'est à dire, en nostre langue, *Paladin.*

MADAME JOURDAIN

Baladin ! Estes-vous en âge de dancer des Ballets ?

MONSIEUR JOURDAIN

Quelle ignorante ! Je dis *Paladin ;* c'est une Dignité dont on vient de me faire la Cérémonie.

MADAME JOURDAIN

Quelle cérémonie donc ?

MONSIEUR JOURDAIN

Mahameta per Jordina.

MADAME JOURDAIN

Qu'est-ce que cela veut dire ?

MONSIEUR JOURDAIN

Jordina, c'est-à-dire Jourdain.

MADAME JOURDAIN

Hé bien quoy, Jourdain ?

MONSIEUR JOURDAIN

Voler far un Paladina
De Jordina ;

MADAME JOURDAIN

Comment ?

MONSIEUR JOURDAIN

Dar Turbanta, con Galera,

MADAME JOURDAIN

Qu'est-ce à dire cela ?

MONSIEUR JOURDAIN

Per deffender Palestina.

MADAME JOURDAIN

Que voulez-vous donc dire ?

Monsieur JOURDAIN

Dara, dara bastonnara.

Madame JOURDAIN

Qu'est-ce donc que ce jargon-là ?

Monsieur JOURDAIN

Non tener honta;
Questa star l'ultima affronta.

Madame JOURDAIN

Qu'est-ce que c'est donc que tout cela ?

Monsieur JOURDAIN *dance et chante :*

Hou la ba, ba la chou, ba la ba, ba la da.

Madame JOURDAIN

Hélas, mon Dieu, mon Mary est devenu fou!

Monsieur JOURDAIN *sortant.*

Paix, insolente. Portez respect à Monsieur le *Mama-mouchi.*

Madame JOURDAIN

Où est-ce donc qu'il a perdu l'esprit ? Courons l'empescher de sortir. — Ah, ah, voicy justement le reste de nostre écu. Je ne voy que chagrin de tous les côtez.

Elle sort.

SCÈNE II

DORANTE, DORIMÈNE

DORANTE

Oüy, Madame, vous verrez la plus plaisante chose qu'on puisse voir, et je ne croy pas que, dans tout le Monde, il soit possible de trouver encore un Homme aussi fou que celuy-là. Et puis, Madame, il faut tâcher de servir l'amour de Cléonte, et d'apuyer toute sa Mascarade. C'est un fort galant Homme, et qui mérite que l'on s'intéresse pour luy.

DORIMÈNE

J'en fais beaucoup de cas, et il est digne d'une bonne fortune.

DORANTE

Outre cela, nous avons icy, Madame, un Ballet, qui nous revient, que nous ne devons pas laisser perdre, et il faut bien voir si mon idée pourra réussir.

DORIMÈNE

J'ay veu là des aprests magnifiques, et ce sont des choses, Dorante, que je ne puis plus souffrir. Oüy, je

veux enfin vous empêcher vos profusions, et, pour
rompre le cours à toutes les dépenses que je vous voy
faire pour moy, j'ay résolu de me marier promptement avec vous. C'en est le vray secret, et toutes ces
choses finissent avec le Mariage.

DORANTE

Ah, Madame, est-il possible que vous ayez pû
prendre pour moy une si douce résolution ?

DORIMÈNE

Ce n'est que pour vous empescher de vous ruiner,
et, sans cela, je voy bien qu'avant qu'il fust peu vous
n'auriez pas un sou.

DORANTE

Que j'ay d'obligation, Madame, aux soins que vous
avez de conserver mon bien ! Il est entièrement à vous,
aussi bien que mon cœur, et vous en userez de la
façon qu'il vous plaira.

DORIMÈNE

J'useray bien de tous les deux. Mais voicy vostre
Homme ; la figure en est admirable.

SCÈNE III

Monsieur JOURDAIN, DORIMÈNE, DORANTE

DORANTE

Monsieur, nous venons rendre hommage, Madame et moy, à vostre nouvelle Dignité, et nous réjoüir avec vous du Mariage que vous faites de vostre Fille avec le Fils du Grand Turc.

Monsieur JOURDAIN, *après avoir fait les Révérences à la Turque.*

Monsieur, je vous souhaite la force des Serpens, et la prudence des Lyons.

DORIMÈNE

J'ay esté bien aise d'estre des premières, Monsieur, à venir vous féliciter du haut degré de gloire où vous estes monté.

Monsieur JOURDAIN

Madame, je vous souhaite, toute l'année, vostre Rosier fleury; je vous suis infiniment obligé de prendre part aux honneurs qui m'arrivent, et j'ay beaucoup de joye de vous voir revenuë icy pour vous faire les très humbles excuses de l'extravagance de ma Femme.

DORIMÈNE

Cela n'est rien ; j'excuse en elle un pareil mouvement ; vostre cœur lui doit estre précieux, et il n'est pas étrange que la possession d'un Homme comme vous puisse inspirer quelques allarmes.

Monsieur JOURDAIN

La possession de mon cœur est une chose qui vous est toute acquise.

DORANTE

Vous voyez, Madame, que Monsieur Jourdain n'est pas de ces Gens que les prospéritez aveuglent, et qu'il sçait, dans sa gloire, connoistre encore ses Amis.

DORIMÈNE

C'est la marque d'une âme tout à fait généreuse.

DORANTE

Où est donc Son Altesse Turque ? Nous voudrions bien, comme vos Amis, luy rendre nos devoirs.

Monsieur JOURDAIN

Le voilà qui vient, et j'ay envoyé quérir ma Fille pour luy donner la main.

SCÈNE IV

CLÉONTE, COVIELLE, Monsieur JOURDAIN, etc.

DORANTE

Monsieur, nous venons faire la révérence à Vostre Altesse, comme Amis de Monsieur vostre Beau-Père, et l'assurer, avec respect, de nos très humbles services.

Monsieur JOURDAIN

Où est le Truchement, pour luy dire qui vous estes, et luy faire entendre ce que vous dites ? Vous verrez qu'il vous répondra, et il parle Turc à merveille. — Holà ! Où diantre est-il allé ? *A Cléonte :* « *Strouf, strif, strof, straf;* Monsieur est un *grande Segnore, grande Segnore, grande Segnore,* et Madame une *granda Dama, granda Dama. Aly,* luy Monsieur, luy *Mamamouchi* François, et Madame *Mamamouchie* Françoise. » — Je ne puis pas parler plus clairement. — Bon ! Voicy l'Interprète. Où allez-vous donc ? Nous ne sçaurions rien dire sans vous. Dites-luy un peu que Monsieur et Madame sont des personnes de grande Qualité, qui luy viennent faire la révérence, comme mes Amis, et l'assurer de leurs services. — Vous allez voir comme il va répondre.

XXVI.   20

COVIELLE

Alabala crociam acci boram alabamen.

CLÉONTE

Catalequi tubal ourin soter amalouchan.

Monsieur JOURDAIN

Voyez-vous ?

COVIELLE

Il dit : « Que la pluye des prospéritez arrose en tout temps le jardin de vostre Famille. »

Monsieur JOURDAIN

Je vous l'avois bien dit, qu'il parle Turc.

DORANTE

Cela est admirable.

SCÈNE V

LUCILE, Monsieur JOURDAIN, DORANTE
DORIMÈNE, etc.

Monsieur JOURDAIN

Venez, ma Fille ; aprochez-vous, et venez donner vostre main à Monsieur, qui vous fait l'honneur de vous demander en Mariage.

LUCILE

Comment, mon Père, comme vous voilà fait! Est-
ce une Comédie que vous joüez ?

MONSIEUR JOURDAIN

Non, non, ce n'est pas une Comédie; c'est une
affaire fort sérieuse, et la plus pleine d'honneur pour
vous qui se peut souhaiter. Voilà le Mary que je vous
donne.

LUCILE

A moy, mon Père ?

MONSIEUR JOURDAIN

Oüy, à vous. Allons, touchez-luy dans la main, et
rendez grâce au Ciel de vostre bonheur.

LUCILE

Je ne veux point me marier.

MONSIEUR JOURDAIN

Je le veux, moy, qui suis vostre Père.

LUCILE

Je n'en feray rien.

MONSIEUR JOURDAIN

Ah! que de bruit! Allons, vous dis-je. Çà, vostre
main.

LUCILE

Non, mon Père. Je vous l'ay dit; il n'est point de

pouvoir qui me puisse obliger à prendre un autre
Mary que Cléonte, et je me résoudray plutost à toutes
les extrémitez que de... *Reconnoissant Cléonte :* Il est vray que
vous estes mon Père ; je vous dois entière obéissance,
et c'est à vous à disposer de moy selon vos volontez.

Monsieur JOURDAIN

Ah, je suis ravi de vous voir si promptement revenuë dans vostre devoir ; et voilà qui me plaist, d'avoir
une Fille obéissante.

SCÈNE VI

Madame JOURDAIN, Monsieur JOURDAIN, CLÉONTE, etc.

Madame JOURDAIN

Comment donc ? Qu'est-ce que c'est que cecy ? On
dit que vous voulez donner vostre Fille en Mariage à
un Caresme-prenant.

Monsieur JOURDAIN

Voulez-vous vous taire, impertinente ? Vous venez
toûjours mesler vos extravagances à toutes choses, et
il n'y a pas moyen de vous aprendre à estre raisonnable.

Madame JOURDAIN

C'est vous qu'il n'y a pas moyen de rendre sage, et

vous allez de folie en folie. Quel est vostre dessein, et que voulez-vous faire avec cet assemblage ?

MONSIEUR JOURDAIN

Je veux marier nostre Fille avec le Fils du Grand Turc.

MADAME JOURDAIN

Avec le fils du Grand Turc !

MONSIEUR JOURDAIN

Oüy. Faites-luy faire vos complimens par le Truchement que voilà.

MADAME JOURDAIN

Je n'ay que faire du Truchement, et je luy diray bien, moy-mesme, à son nez, qu'il n'aura point ma Fille.

MONSIEUR JOURDAIN

Voulez-vous vous taire, encore une fois ?

DORANTE

Comment, Madame Jourdain, vous vous oposez à un honneur comme celuy-là ? Vous refusez Son Altesse Turque pour Gendre !

MADAME JOURDAIN

Mon Dieu, Monsieur, meslez-vous de vos affaires.

DORIMÈNE

C'est une grande gloire, qui n'est pas à rejetter.

MADAME JOURDAIN

Madame, je vous prie aussi de ne vous point embarasser de ce qui ne vous touche pas.

DORANTE

C'est l'amitié que nous avons pour vous qui nous
fait intéresser dans vos avantages.

MADAME JOURDAIN

Je me passeray bien de vostre amitié.

DORANTE

Voilà vostre Fille qui consent aux volontez de son
Père.

MADAME JOURDAIN

Ma fille consent à épouser un Turc ?

DORANTE

Sans doute.

MADAME JOURDAIN

Elle peut oublier Cléonte ?

DORANTE

Que ne fait-on pas pour estre Grand'Dame ?

MADAME JOURDAIN

Je l'étranglerois de mes mains, si elle avoit fait un
coup comme celuy-là.

MONSIEUR JOURDAIN

Voilà bien du caquet. Je vous dis que ce Mariage-
là se fera.

MADAME JOURDAIN

Je vous dis, moy, qu'il ne se fera point.

MONSIEUR JOURDAIN

Ah, que de bruit.

LUCILE

Ma Mère...

MADAME JOURDAIN

Allez, vous estes une Coquine.

MONSIEUR JOURDAIN

Quoy! vous la querellez de ce qu'elle m'obéit!

MADAME JOURDAIN

Oüy; elle est à moy aussi bien qu'à vous.

COVIELLE

Madame...

MADAME JOURDAIN

Que me voulez-vous conter, vous ?

COVIELLE

Un mot.

MADAME JOURDAIN

Je n'ay que faire de vostre mot.

COVIELLE, *à Monsieur Iourdain.*

Monsieur, si elle veut écouter une parole en parti-
culier, je vous promets de la faire consentir à ce que
vous voulez.

MADAME JOURDAIN

Je n'y consentiray point.

COVIELLE

Écoutez-moy seulement.

MADAME JOURDAIN

Non.

MONSIEUR JOURDAIN

Écoutez-le.

MADAME JOURDAIN

Non. Je ne veux pas écouter.

MONSIEUR JOURDAIN

Il vous dira...

MADAME JOURDAIN

Je ne veux point qu'il me dise rien.

MONSIEUR JOURDAIN

Voilà une grande obstination de Femme! Cela vous fera-t-il mal de l'entendre?

COVIELLE

Ne faites que m'écouter; vous ferez après ce qu'il vous plaira.

MADAME JOURDAIN

Hé bien, quoy?

COVIELLE, à part.

— Il y a une heure, Madame, que nous vous faisons signe. Ne voyez-vous pas bien que tout cecy n'est fait que pour nous ajuster aux visions de vostre Mary; que nous l'abusons sous ce déguisement, et que c'est Cléonte luy-mesme qui est le Fils du Grand Turc ?...

MADAME JOURDAIN

— Ah, ah !

COVIELLE

— Et moy, Covielle, qui suis le Truchement ?

MADAME JOURDAIN

— Ah, comme cela, je me rens.

COVIELLE

— Ne faites pas semblant de rien. —

MADAME JOURDAIN

Oüy, voilà qui est fait. Je consens au Mariage.

MONSIEUR JOURDAIN

Ah, voilà tout le monde raisonnable. — Vous ne vouliez pas l'écouter. Je sçavois bien qu'il vous expliqueroit ce que c'est que le Fils du Grand Turc.

MADAME JOURDAIN

Il me l'a expliqué comme il faut, et j'en suis satisfaite. Envoyons quérir un Notaire.

DORANTE

C'est fort bien dit. Et afin, Madame Jourdain, que
XXVI. 21

vous puissiez avoir l'esprit tout à fait content, et que vous perdiez aujourd'huy toute la jalousie que vous pouriez avoir conçeuë de Monsieur vostre Mary, c'est que nous nous servirons du mesme Notaire pour nous marier, Madame et moy.

MADAME JOURDAIN

Je consens aussi à cela.

MONSIEUR JOURDAIN

— C'est pour luy faire acroire.

DORANTE

— Il faut bien l'amuser avec cette feinte.

MONSIEUR JOURDAIN

Bon, bon ! — Qu'on aille viste quérir le Notaire.

DORANTE

Tandis qu'il viendra et qu'il dressera les Contracts, voyons nostre Ballet, et donnons-en le divertissement à Son Altesse Turque.

MONSIEUR JOURDAIN

C'est fort bien avisé. Allons prendre nos places.

MADAME JOURDAIN

Et Nicole ?

MONSIEUR JOURDAIN

Je la donne au Truchement, et ma Femme à qui la voudra.

COVIELLE

Monsieur, je vous remercie. — Si l'on en peut voir un plus fou, je l'iray dire à Rome.

La Comédie finit par un petit Ballet qui avoit esté préparé.

MONSIEUR JOURDAIN
Je vous dis que ce mariage là se fera.

PREMIÈRE ENTRÉE

Un homme vient donner les livres du Ballet, qui d'abord est fatigué par une multitude de Gens, de Provinces diférentes, qui crient, en Musique, pour en avoir, et par trois Importuns, qu'il trouve toujours sur ses pas.

Dialogue des gens qui en musique demandent des livres.

TOUS

A MOY, *Monsieur. — A moy. — De grâce, à moy, Monsieur. — Un livre, s'il vous plaist, à votre serviteur.*

HOMME DU BEL AIR

*Monsieur, distinguez-nous parmy les Gens qui crient;
Quelques livres icy; les Dames vous en prient.*

AUTRE HOMME DU BEL AIR

Holà, Monsieur ! Monsieur, ayez la charité
D'en jetter de nostre costé.

FEMME DU BEL AIR

Mon Dieu, qu'aux Personnes bien faites
On sçait peu rendre honneur céans !

AUTRE FEMME DU BEL AIR

Ils n'ont des Livres et des Bancs
Que pour Mesdames les Grisettes.

GASCON

Aho, l'Hommé aux Libres ; qu'on m'en vaille ;
J'ay déjà lé poumon usé ;
Bous boyez qué chacun mé raille,
Et jé suis escandalisé
Dé boir és mains de la Canaille
Ce qui m'est par bous réfusé.

AUTRE GASCON

Hé ! cadédis, Monseu, boyez qui l'on pût estre.
Un Libret, jé bous prie, au Varon d'Asbarat.
Jé pense, mordy, qué lé fat
N'a pas l'honnur dé mé connoistre.

LE SUISSE

Mon'siur le donneur de papieir,

Que veul dire sty façon de fifre ?
Moy l'écorchair tout mon gosieir
A crieir,
Sans que je pouvre afoir ein Lifre.
Pardy, mon foy, Mon'siur, je pense fous l'este ifre.

VIEUX BOURGEOIS BABILLARD

De tout cecy, franc et net,
Je suis mal satisfait ;
Et cela sans doute est laid,
Que nostre Fille
Si bien faite et si gentille,
De tant d'Amoureux l'Objet,
N'ait pas à son souhait
Un livre de Ballet,
Pour lire le Sujet
Du Divertissement qu'on fait,
Et que toute nostre Famille
Si proprement s'habille
Pour estre placée au sommet
De la Salle, où l'on met
Les Gens de l'entriguet !
De tout cecy, franc et net,
Je suis mal satisfait,
Et cela sans doute est laid.

VIEILLE BOURGEOISE BABILLARDE

Il est vray que c'est une honte;
Le sang au visage me monte,
Et ce Jetteur de vers, qui manque au capital,
L'entend fort mal;
C'est un brutal,
Un vray cheval,
Franc animal,
De faire si peu de compte
D'une Fille, qui fait l'ornement principal
Du Quartier du Palais-Royal,
Et que, ces jours passez, un Comte
Fut prendre la première au Bal.
Il l'entend mal;
C'est un brutal,
Un vray cheval,
Franc animal.

HOMMES ET FEMMES DU BEL AIR

Ah! quel bruit!
Quel fracas!
Quel cahos!
Quel mélange!
Quelle confusion!
Quelle cohue étrange!
Quel désordre!
Quel embarras!

On y sèche.

L'on n'y tient pas.

GASCON

Bentré, jé suis à vous.

AUTRE GASCON

J'enrage, Diou mé damne !

LE SUISSE

Ah, que l'y faire saïf dans sti Sal de cians !

GASCON

Jé murs !

AUTRE GASCON

Je pers la tramontane !

LE SUISSE

Mon foy, moy le foudrois estre hors de dedans.

VIEUX BOURGEOIS BABILLARD

Allons, ma Mie,

Suivez mes pas,

Je vous en prie,

Et ne me quittez pas.

On fait de nous trop peu de cas,

Et je suis las

De ce tracas.

Tout ce fratras,

XXVI.   22

Cet embarras,
Me pèse par trop sur les bras.
S'il me prend jamais envie
De retourner, de ma vie,
A Ballet, ny Comédie,
Je veux bien qu'on m'estropie.
Allons, ma Mie,
Suivez mes pas,
Je vous en prie,
Et ne me quittez pas ;
On fait de nous trop peu de cas.

VIEILLE BOURGEOISE BABILLARDE

Allons, mon Mignon, mon Fils,
Regagnons nostre logis,
Et sortons de ce taudis,
Où l'on ne peut estre assis ;
Ils seront bien ébobis,
Quand ils nous verront partis.

Trop de confusion règne dans cette Salle,
Et j'aimerois mieux estre au milieu de la Halle ;
Si jamais je reviens à semblable Régale,
Je veux bien recevoir des souflets plus de six.

Allons, mon Mignon, mon Fils,
Regagnons nostre logis,

Et sortons de ce taudis,
Où l'on ne peut estre assis.

TOUS

A moy, Monsieur. — A moy, de grâce. — A'moy, Monsieur
— Un Livre, s'il vous plaist, à vostre Serviteur.

SECONDE ENTRÉE

Les trois Importuns dancent.

TROISIÈME ENTRÉE

TROIS ESPAGNOLS *chantent.*

Sé que me muero de amor
Y solicito el dolor.

A un muriendo de querer,
De tan buen ayre adolezco
Que es mas de lo que padezco
Lo que quiero padecer,
Y no pudiendo exceder
A mi deseo el rigor.

Sé que me muero de amor
Y solicito el dolor,

Lisonxeame la suerte
Con piedad tan advertida
Que me assegura la vida
En el riesgo de la muerte ;
Vivir de la golpe fuerte
Es de mi salud primor.

Sé que, etc.

Six Espagnols dancent.

TROIS MUSICIENS ESPAGNOLS

Ay ! que locura !
Con tanto rigor
Quexarse de Amor,
Del nino bonito,
Que todo es dulzura.
Ay, que locura !
Ay, que locura !

ESPAGNOL, chantant.

El dolor solicita
El que al dolor se da,
Y nadie de amor muere,
Sino quien no save amar.

DEUX ESPAGNOLS

Dulce muerte es el amor
Con correspondencia ygual,

Y, si esta goçamos o,
Porque la quieres turbar ?

UN ESPAGNOL

Alegrese Enamorado
Y tome mi parecer,
Que en esto de querer,
Todo es allar el vado.

TOUS TROIS ENSEMBLE

Vaya, vaya de fiestas,
Vaya de vayle.
Alegria, alegria, alegria,
Que esto de dolor es fantasia.

QUATRIESME ENTRÉE

ITALIENS

Une Musicienne Italienne fait le premier Récit, dont voicy les paroles :

Di rigori armata il seno,
Contro Amor mi ribellai ;
Ma fui vinta in un baleno,
In mirar duo vaghi rai.
Ahi, che resiste puoco
Cor di gelo a stral di fuoco !

Ma si caro è 'l mio tormento,
Dolce è si la piaga mia
Ch'il penare è 'l mio contento,
E 'l sanarmi è tirannia.
Ahi! che più giova e piace,
Quanto amor è più vivace!

Après l'Air que la Musicienne a chanté, deux Scaramouches, deux Trivelins et un Harlequin, représentent une Nuit à la manière des Comédiens Italiens, en cadance.

Un Musicien Italien se joint à la Musicienne Italienne, et chante avec elle les paroles qui suivent :

LE MUSICIEN ITALIEN

Bel tempo che vola,
Rapisce il contento;
D'Amor ne la scola
Si coglie il momento;

LA MUSICIENNE

Insin che florida
Ride l' età,
Che pur tropp'horrida,
Da noi sen và;

TOUS DEUX

Sù cantiamo,
Sù godiamo

Ne' bei di di gioventù;
Perduto ben non si racquista più.

MUSICIEN

Pupilla ch' è vaga
Mill' alme incatena,
Fà dolce la piaga,
Felice la pena.

MUSICIENNE

Ma poichè frigida
Langue l' età,
Più l' alma rigida
Fiamme non hà.

TOUS DEUX

Su cantiamo, etc.

Après le Dialogue Italien, les Scaramouches et Trivelins dancent une Réjoüissance.

CINQUIESME ENTRÉE

FRANÇOIS

Deux Musiciens Poitevins dancent, et chantent les paroles qui suivent :

PREMIER MENUET

Ah! qu'il fait beau dans ces Boccages!
Ah! que le Ciel donne un beau jour!

AUTRE MUSICIEN

Le Rossignol, sous ces tendres feuillages,
Chante aux Echos son doux retour :
    Ce beau séjour,
    Ces doux ramages,
    Ce beau sejour
  Nous invite à l'Amour.

DEUXIÈME MENUET

TOUS DEUX ENSEMBLE

   Voy, ma Climène,
   Voy, sous ce Chesne,
S'entre-baiser ces Oyseaux amoureux.
   Ils n'ont rien dans leurs vœux
    Qui les gesne ;
   De leurs doux feux
    Leur âme est pleine.
   Qu'ils sont heureux !
  Nous pouvons tous deux,
   Si tu le veux,
   Estre comme eux.

Six autres François viennent après, vestus galamment à la Poitevine,
trois en Hommes et trois en Femmes, accompagnés de huit Flustes et
de Haut-bois, et dancent les Menuets.

SIXIÈME ENTRÉE

Tout cela finit par le mélange des trois Nations, et les aplaudissements, en Dance et en Musique, de toute l'assistance, qui chante les
deux Vers qui suivent :

Quels spectacles charmans, quels plaisirs goûtons-nous !
Les Dieux mesmes, les Dieux n'en ont point de plus doux.

LE

BOURGEOIS GENTILHOMME

EXPLICATION DES PLANCHES

NOTICE. — Bande ornementale. Au milieu, dans une auréole ovale de grelots, un Geai, dont la queue est allongée de plumes de Paon comme dans la Fable de Phèdre et dans celle de La Fontaine, est posé sur un bonnet de nuit, agrémenté de deux longues oreilles d'Ane. Des deux côtés, à droite, un Singe, tenant un miroir, et, à gauche, un autre Singe, tenant un rouleau, celui de la Pièce.

— Lettre C, cantonnée de quatre écussons, chargés en abîme d'un grelot. Au milieu, un Dindon faisant la roue. En sa qualité de Mama-mouchi, le Dindon a la tête coiffée d'un turban, sommé du croissant de l'Islam.

— Cul-de-lampe. Au milieu de rinceaux, un cadre central avec la pochette du Maître à danser, accompagné, par derrière, d'un basson et d'une clarinette en sautoir, et du Croissant d'or du Prophète.

FAUX TITRE. — *Le Bourgeois Gentilhomme, Comédie.* En haut de l'enca-drement des rinceaux, le Corbeau tenant dans son bec un fromage; en bas, le Renard, assis à moitié, la queue entre les jambes, lève la tête vers l'oiseau noir, comme dans la Fable de La Fontaine.

GRAND TITRE. — Le Bourgeois Gentilhomme, en costume de Mamamouchi, le turban sur la tête et le cimeterre au côté, est assis béatement
à la Turque, les bras croisés sur la poitrine, et se tournant les pouces. A
droite, un enfant nu choquant des cymbales et, à gauche, un autre enfant
frappant de ses deux maillochons sur la caisse d'une cymbale. Deux
Singes, les supports de l'armoirie de Molière, qui grimpent sur les montants latéraux, balancent des encensoirs fumants, dont le bonhomme
trouve que les parfums lui sont bien dus. En bas, deux petits enfants
nus font de l'acrobatie en posant leurs mains à terre et en jetant leurs
jambes vers le ciel.

GRANDE PLANCHE. — Acte IV, scène II. Madame Jourdain, les bras
croisés sur sa poitrine, entre résolument : « Ah, ah, je trouve icy bonne
compagnie, et je voy bien qu'on ne m'attendoit pas. » Monsieur Jourdain se lève pour tâcher de la calmer ; Dorimène, dans sa dignité offensée,
se lève pour lui répondre ; Dorante, qui connaît Monsieur Jourdain et
Madame Jourdain, reste assis en souriant et tâche de calmer les choses.
Dans le fonds le Laquais, à la face plate et benête, ne dit rien, mais
s'amuse de la scène.

CADRE POUR LES NOMS DES ACTEURS. — Les montants latéraux tom-
bent de l'ornement cintré qui forme le haut. Sur celui de gauche, son
habit de Gentilhomme, l'épée et son baudrier, le petit chapeau rond
à bords étroits, la perruque très frisée, l'habit agrémenté de rubans et
la culotte bouffante, dont les genoux sont garnis de dentelle. Sur celui
de droite, son costume Turc, le sabre dans son fourreau recourbé, avec
sa poignée dont le haut s'élargit en éventail, la petite veste à manches
courtes, et la culotte large, bouffante et plissée. Au milieu des rinceaux
du bas, un coussin, sur lequel est posé un livre, avec le couplet :

Mahameta, per Giourdina,	*De' Giourdina, de' Giourdina.*
Mi pregar sera é mattina ;	*Dar turbanta é dar scarcina,*
Voler far un Paladina,	*Con galera é brigantina.*

ACTE I, SCÈNE II. — Le Bourgeois Gentilhomme, dans sa belle robe de chambre, dit à son Maître à danser et à son Maître de musique, très perruqués tous les deux : « Je me suis fait faire cette Indienne cy. » A droite ses deux Laquais, roides comme des soldats à l'exercice, avec leurs bras tombant droits, non pas sur la couture de leurs culottes, mais jusqu'aux poches du manteau de leur livrée.

— Lettre V. Le salon de Monsieur Jourdain, qui arrive dans sa belle robe de chambre d'Indienne. Son Maître à danser, qui s'incline obséquieusement, dit à son compagnon, le Maître de musique : « Le voilà qui vient. »

— Cul-de-lampe. Acte I, fin de la scène II, qui est la dernière. Monsieur Jourdain, en robe de chambre et en bonnet du matin, est assis sur une chaise à dossier droit et dit : « Passe, passe ; voyons. » A côté de lui le Maître de musique bat avec ses mains la mesure à une jeune Musicienne et à deux Musiciens, l'un très jeune, qui est le Ténor, et l'autre, plus âgé, qui est la Basse. A gauche, un groupe de trois personnages debout, le Maître d'Escrime, le Maître de Grammaire et le Maître à danser, avec sa pochette sous le bras.

ACTE II. — En-tête. Scène I. La leçon de danse de Monsieur Jourdain, en bonnet du matin et en veste courte, qui essaie les pas d'un menuet. Son Maître de danse, tenant sa pochette de la main gauche, lui marque, de la main droite, la mesure avec son archet : « La, la, la ; vos deux bras « sont estropiez ; la, la. » En arrière, à droite, les deux Laquais au port d'armes ; à gauche, le Maître à chanter, assis sur un fauteuil et tenant sur ses genoux sa partie de musique déroulée. Au fond de la pièce, une haute cheminée. Dans l'ornement de droite, un trophée de musique, composé d'un livre ouvert, d'un basson, d'une clarinette et d'une trompette marine, son instrument préféré ; sous l'ornement de gauche, un trophée d'escrime, deux fleurets, un masque de fer grillagé, un plastron et, par derrière, une plume de paon.

— Lettre V. La leçon d'escrime. Monsieur Jourdain, qui s'est fendu, lève, comme on le lui dit, la main gauche à la hauteur de l'œil. Le Maître, un grand escogriffe avec un cœur sur son plastron, lui prend le bras droit pour le mettre en position et, de la main droite, appuie fortement son grand fleuret sur le plancher, pour le faire plier. Dans le fond, les deux Laquais et une fenêtre cintrée, à petits carreaux, sur la clarté de laquelle se profile le vêtement sombre du Bourgeois.

— Cul-de-lampe. Le Maître Tailleur et ses quatre Garçons, tous tête nue, et l'un dit à Monsieur Jourdain, qui en ouvre de plaisir les doigts courts de ses grosses mains : « Mon Gentilhomme, donnez, s'il vous « plaît, aux Garçons quelque chose pour boire. » Au centre de l'ornement, du bas, une paire de larges ciseaux à couper le drap, accompagnée d'un poids, d'un fer à repasser, d'un dé, d'une pelote de fil et, par derrière, de deux aunes en sautoir.

ACTE III. — En-tête. Scène III. Monsieur Jourdain apprenant l'escrime à sa servante Nicole, qui y va bon jeu, bon argent et lui pousse une botte qui le boutonne. Et celui-ci : « Tout beau. Holà, oh doucement. Tu me « pousses en tierce avant que de pousser en quarte, et tu n'as pas la « patience que je pare. » A gauche, l'honnête Madame Jourdain, qui ne comprend rien à ce jargon : « Vous êtes fou, mon Mary, avec toutes vos fantaisies. » Dans l'ornement de droite, deux flèches et l'arc de l'Amour en avant d'une feuille de papier, sur laquelle des chiffres ; à gauche deux fleurets, en avant d'une autre feuille de papier, sur laquelle les deux voyelles U et O et les deux admirables syllabes FA et LA.

— Lettre S. Scène II. Nicole, les poings sur la hanche, éclate de rire en voyant son vieux maître habillé comme un jeune Marquis et agrémenté de trop de flots de rubans : « Hi, hi, hi! Comme vous voilà « basty. »

— Cul-de-lampe. A droite la Marquise Dorimène et son amant, le Comte Dorante; Monsieur Jourdain, après avoir fait deux révérences, se trouve trop près de Dorimène et lui dit : « Un pas plus loin, Madame. « — Un pas, s'il vous plaist. — Reculez un peu pour la troisième. »

ACTE IV. — En tête Scène première. Monsieur Jourdain à table avec Dorante et la Marquise Dorimène. Autour de la table les Laquais qui les servent. Devant la table un bassin de cuivre à godrons, où rafraîchissent les bouteilles. Au fond, deux Musiciens et une Musicienne qui chantent, et, contre le mur, une estrade avec un Quatuor d'instrumentistes assis, une Flûte, deux Violons et une Basse. Dans les ornements de droite est suspendue une couronne, avec le mot *Mamamouchi*, dans laquelle sont passés un cimeterre nu et un carquois Turc. Dans les ornements de gauche un autre Trophée, composé d'une torche allumée, d'un arc, d'une flèche, d'un écusson d'armoirie et d'un turban surmonté d'un croissant. Monsieur Jourdain, pour arriver à se faire complimenter du diamant qu'il a donné, s'extasie sur les mains de Dorimène : « Ah ! « que voilà de belles mains. »

— Lettre C. Scène III. Covielle, en habit oriental et avec une fausse barbe, explique à Monsieur Jourdain, qui ouvre les bras de surprise, les beautés de la langue Turque, et Monsieur Jourdain, dans son admiration interrogative, lui dit : « *Cacaramouchen* veut dire *Ma chère âme?* » Fond de chambre avec une table couverte d'un tapis.

— Cul-de-lampe. La Cérémonie Turque du Ballet final du quatrième Acte. En avant, quatre Dervis, coiffés de turbans pointus, sont rangés en deux files et s'inclinent dévotement vers le livre de l'*Alcoran* ouvert sur le dos de Monsieur Jourdain, qui est par terre à quatre pattes. Derrière lui, le Mufti, très enturbanné, lève pieusement la tête et les bras au ciel ; dans le fond, des Turcs, leurs cimeterres nus à la main. Le Mufti : « Donar turbanta, Donar turbanta. » Dans l'ornement du bas, un turban, couronné du croissant, au-dessus de deux yataghans dans leurs fourreaux et de deux cimeterres nus.

ACTE V. — En-tête. Scène I. Comme Monsieur Jourdain, en Turc, danse en chantant : « Hou la ba la, chou, ba ba ba, ba la da, » Madame Jourdain jette au ciel des bras désespérés et s'écrie : « Hélas, mon Dieu, « mon Mary est devenu fou. » Dans les montants latéraux de l'encadrement, une couronne et des guirlandes de fleurs, une torche allumée, un carquois et des flèches.

— Lettre A. Scène III. A gauche, le Marquis Dorante et la Marquise Dorimène. A droite Monsieur Jourdain, habillé en Turc et saluant à la Turque, fait à la Marquise son compliment en style oriental : « Madame, « je vous souhaite toute l'année vostre rosier fleury. »

— Cul-de-lampe. Scène sixième et dernière. Comme, malgré les signes de sa fille et de Cléonte, Madame Jourdain, qui ne veut pas que Lucile épouse le fils du Grand-Turc, reçoit de son mari, costumé en Mama-mouchi et flanqué de Covielle encore plus enturbanné que lui, cette réponse péremptoire . « Je vous dis que ce mariage-là se fera. »

— En tête du Ballet final. Le distributeur des livrets du Ballet est entouré d'une foule avide de Provinciaux et d'Importuns qui lui en demandent en musique, et il en distribue à la volée. A droite et à gauche du théâtre, deux groupes d'hommes et de femmes, logés dans deux espèces de loges latérales, lui en demandent également, de même que ceux qui, pour en avoir, se penchent en dehors des deux ornements circulaires qui accompagnent, à droite et à gauche, la partie supérieure de la composition. Au fond de l'un d'eux, Monsieur Jourdain se croisant les bras, et, dans l'autre, Nicole, jetant les siens au ciel.

— Première Entrée du Ballet final. Lettre A. On voit de dos, et passant le haut du corps dans le triangle supérieur de la lettre A qui lui sert de barrière et de défense, l'homme qui vient donner les livres du Ballet et qui ne peut suffire à satisfaire les Provinciaux qui crient en musique pour en avoir et les trois Importuns qu'il trouve toujours sur ses pas.

— Cul-de-lampe du Ballet final. — Sur un plancher de théâtre cinq personnages dansants. En avant, Arlequin, se préparant à frapper avec sa batte. En arrière de lui, à droite et à gauche, deux Danseurs, vêtus de noir et raclant du pouce les cordes à boyaux de leurs guitares. Derrière eux, deux autres Danseurs, Maîtres d'Escrime, dont le vêtement est constellé d'étoiles et de croissants, plient au-dessus de leurs têtes leur fleuret. Dans le rinceau ornemental du bas, un masque comique, coupé à la lèvre supérieure, avec une fausse moustache, qui va jusqu'aux oreilles, et une fausse barbe, qui s'arrondit en demi-cercle.

DESCRIPTION DE LA GRANDE PLANCHE HORS TEXTE

AMANTS MAGNIFIQUES

GRANDE PLANCHE. — Acte IV, scène II. La feinte Vénus, accompagnée d'Amours dans une machine, apparaît, dans un éblouissement de lumière, à Aristione et à sa Fille Eriphile, toutes deux agenouillées, avec des manches somptueuses et des coiffures de plumes très empanachées. Aristione lève les bras dans un geste d'admiration passionnée ; Eriphile, derrière elle, est moins démonstrative, avec un peu de surprise curieuse et presque craintive.

Achevé d'imprimer a Évreux

Par Charles Hérissey

Le quatre Féveier Mil huit cent quatre-vingt-quinze

Pour le compte d'Émile Testard

Éditeur a Paris

www.ingramcontent.com/pod-product-compliance
Lightning Source LLC
Chambersburg PA
CBHW071942090426
42740CB00011B/1793